# 思想的历程

## 马克思主义在中国的百年传播

八集电视文献纪录片《思想的历程》解说词彩图珍藏本

《思想的历程》创作组 编

# THE COURSE OF THOUGHT
## THE 100-YEAR HISTORY OF MARXISM IN CHINA

# 八集电视文献记录片《思想的历程》

中共中央编译局　中共黑龙江省委宣传部　黑龙江电视台
联合制作

## 主创人员表

出　品　人：衣俊卿　张效廉　李寅奎
总　策　划：衣俊卿　张效廉
总　监　制：李寅奎　杨金海　张　翔
监　　　制：刘玉平　刘　宁　王文堂　李锡文
学术顾问：宋书声　韦建桦　顾锦屏
艺术顾问：闫　东
总　撰　稿：杨金海


总　编　导：沈　书　董长青
执行总撰稿：冯　雷
撰　　　稿：张文红　郭伟伟　李百玲　姚　颖　庄俊举
执行总编导：魏春桥
编　　　导：高宏飞　闫志勇　申江伟　单连德　杜娟娟
　　　　　　王栋桥　马　上
制片主任：郁卫东　庞玉红
制　　　片：张瑞祥　庞玉红　陈庙亭　曹荣湘　葛海彦
　　　　　　张忠耀　寿自强　张利军　赵薇薇　罗　炯
　　　　　　韦文英　王艳娟　王卫东　张洪明　靳呈伟

情景再现演员：常泽东　丁海东　冉忠芬　王　强
　　　　　　　李海运　赵大省　申志远　李鹏宁
　　　　　　　全　顺　韩　磊　刘　全　陈　刚
　　　　　　　韩　冬　崔　婷　张思宇　王　亮
　　　　　　　林　宏　隋锡君　陈　凯　寿自强
　　　　　　　韩国民　常凯宁
翻　　　　译：陈晓锐　郭莉莉　李高阳　鄂　艳
　　　　　　　彭晓宇　高　璐　童孝华　朱艳辉
　　　　　　　蒋明炜　刘　冰　高　璐　侯镌琳
　　　　　　　赵晓琦　李铁军　肖德强　张琳娜
　　　　　　　李　旭　宋元玲　安娜·索洛维约娃
　　　　　　　郭　鳃　崔京石　杨东辉　许寅玲
　　　　　　　赵蓬蓬　钟晓辉　俞婷宁　鲁　路
　　　　　　　童建挺　朱　毅
摄　像　组：刘　洋　罗怀松　陈家东　冯　宇　刘　羽
灯　　　光：王　青
美　　　术：刘传波　孙秀杰
化　　　妆：赵　丽　王法威
解　　　说：王　波
音　　　乐：欧阳树杰　刘名家　赵泽宁
特　　　技：谢　野
制　　　作：刘　薇
技　术　监　制：周宏飞　门　锐

# 目 录

第一集　历史选择 ………………………………………… 1

第二集　星火燎原 ………………………………………… 31

第三集　艰难岁月 ………………………………………… 55

第四集　延河之光 ………………………………………… 79

第五集　理论宝库 ………………………………………… 103

第六集　思想春天 ………………………………………… 131

第七集　世纪工程 ………………………………………… 157

第八集　薪火百年 ………………………………………… 181

谨以此片
献给传播马克思主义真理的人们！

百年中国，马克思主义思想的力量始终推动着中华民族走向辉煌。

历史的丰碑上铭刻着那些翻译传播马克思主义的人们。

那些为追求和传播真理，历尽艰辛，默默奉献，甚至献出了宝贵生命的故事，将永远被人们传颂。

# 思想的历程

## 第一集 历史选择

20世纪初的中国,贫穷,落后,国土沦丧。"莽莽神州,已倒之狂澜待挽,茫茫华夏,中流之砥柱伊谁?"中华民族的优秀儿女奋起抗争,掀起了生生不息的救亡图存运动,形形色色的西方学说和思潮随之涌入中国。中国该向何处去?迷茫中的志士仁人苦苦求索。危难之际,一群进步知识分子敏锐地捕捉到一种思想的力量,并在风云激荡中坚定地选择了这种思想,她就是伟大的马克思主义。

 第一集　历史选择

在德国西南边境的摩泽尔河畔，一个小城安静地坐落在青山绿水间。气势恢弘的竞技场和十几里长的城垣在向人们诉说两千多年的悠久历史，以及它所经历的古罗马、法兰西和德意志的文化洗礼。

这座城市就是特里尔。无产阶级的伟大导师卡尔·马克思就诞生在这里。

马克思诞生的城市特里尔全景

马克思故居外景

**【采访】卡尔·扎尔姆(马克思故居纪念馆馆长)**

我们现在所在之处就是卡尔·马克思于1818年5月5日出生的地方,他在这里生活了一年。每年有4万名游客到访,其中大约12000名是中国游客,很多中国游客在他们的欧洲游中到此拍照留念。

1818年5月5日,马克思出生在一个犹太裔律师家庭。读中学时,他就立志要为人类的幸福而工作。

1841年,耶拿大学授予他哲学博士学位。

弗里德里希·恩格斯,1820年11月28日出生于德国莱茵省巴门市,正是他和马克思一起创立了马克思主义。

1842年下半年,恩格斯途经科隆,与在这里从事《莱茵报》

马克思像

恩格斯像

编辑工作的马克思不期而遇。两年后，恩格斯再次与马克思在法国巴黎见面。这是一次历史性的会见，这次会见标志着他们伟大友谊的开端，从此两人开始了长达40年的合作。

1847年初，马克思、恩格斯加入了"正义者同盟"，并把它改组为"共产主义者同盟"。这是人类历史上第一个无产阶级政党。同年11月，马克思、恩格斯出席共产主义者同盟第二次代表大会。受大会委托，他们共同起草了同盟纲领，这就是著名的《共产党宣言》。

1848年2月底，《共产党宣言》在英国伦敦用德文发表。这是共产党人的第一份纲领性文件，标志着马克思主义的诞生。

《宣言》深刻揭示了资本主义的内在矛盾，明确指出无产阶级是资本主义的掘墓人，资本主义必然灭亡，共产主义必然胜利。

马克思恩格斯参加正义者同盟（国画）

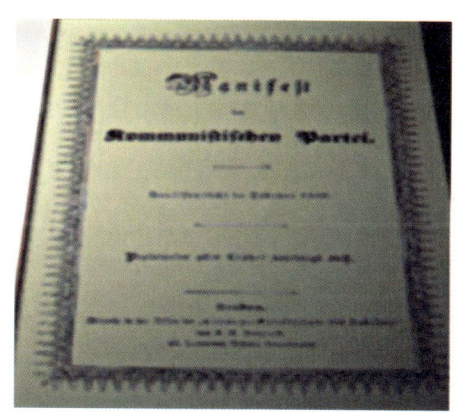
德文版《共产党宣言》

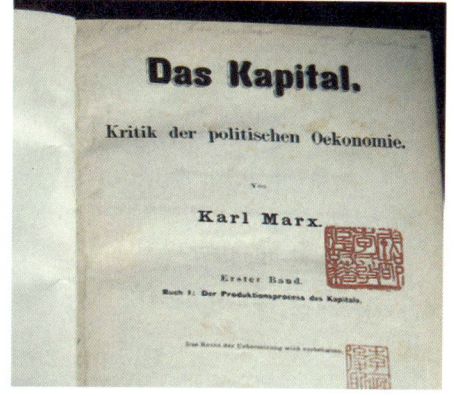
德文版《资本论》

1867年9月中旬,马克思最伟大的理论著作《资本论》第一卷在德国汉堡出版。

《资本论》是马克思用毕生心血写就的一部科学巨著,是他留给全世界无产阶级的永不熄灭的理论火种。马克思用《资本论》一书,掀开了笼罩着资本主义社会的层层迷雾。直至今日,每当世界遭遇重大危机,每当人类社会面临重大转折,人们就会把渴求的目光转向《资本论》。

目前,在英国伦敦市中心的马克思纪念图书馆还保留着由恩格斯亲笔签名的《资本论》。

【采访】约翰·卡洛(马克思纪念图书馆馆长)

马克思的思想几乎触及了人类社会的每个角落,是启蒙运动后最杰出的成果,具有非常重大的现实意义。以语言来说,无论你喜不喜欢马克思,你都无法避免使用他的经济术语来描述现代资本主义的发展。

马克思病逝（油画）

　　1883年3月14日，马克思在伦敦逝世。1895年8月5日，恩格斯也在泰晤士河边的住所中长眠。直到今天，依然有来自世界各地的人们来缅怀他们，读解他们留下的理论逻辑，传承他们开

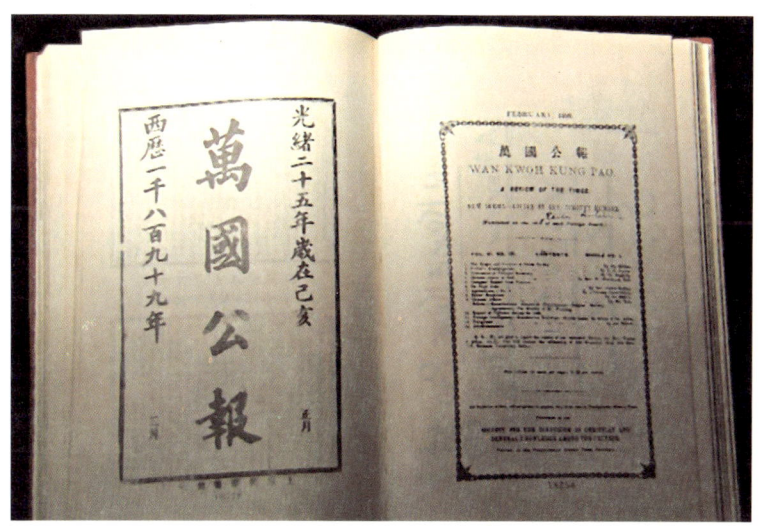

《万国公报》
第121期

启的思想历程。

当马克思主义已经产生并指导欧洲工人解放运动的时候,位于欧亚大陆另一端的中国正处于封建社会日益衰败的末路。

近邻日本一步步崛起,而鸦片战争后的神州大地却日渐衰落,陷入任人宰割的境地。众多志士仁人向日本以及西方寻求救亡图存的真理。在西学东渐的大潮中,马克思、恩格斯的名字和学说也传入中国。

1899年2月,上海的《万国公报》第121期刊载了由英国传教士李提摩太节译的《大同学》一文,文中,李提摩太还误将马克思当作英国人。这是马克思的名字第一次出现在中文报刊上。

事实上,第一位比较系统地接触马克思社会主义学说的中国人,是孙中山。

孙中山照片

**【采访】张海鹏（中国社会科学院学部委员、中国孙中山研究会副会长）**

孙中山在广州起义失败后，遭到清政府的通缉，这样孙中山离开广州，到了日本，后来到了美国。1896年的9月到了伦敦，从那以后，到1897年的6月底，他一直生活在伦敦。他有很多时间来观察欧洲的社会现象，经常跑到大英博物馆去读各种书报，而且和英国的各方面人士广泛接触并发表演讲。这样他了解了马克思恩格斯，了解了马克思恩格斯他们的《共产党宣言》，以及马克思的《资本论》，了解了欧洲的社会主义运动的进展状况。

据宋庆龄回忆，就在这一海外活动时期，社会主义就对孙中山发生了吸引力。他敦促留学生研究马克思的《资本论》和《共

《民报》发刊词

产党宣言》，并阅读当时的社会主义书刊。

这里是东京的奥克兰酒店，原址曾是日本议员坂本金弥的家，1905年就是在他的家里成立了中国同盟会。孙中山在同盟会的机关报《民报》的发刊词中明确表示，"民生主义就是社会主义，又名共产主义，即是大同主义"。马克思学说和社会主义思想，对于孙中山形成三民主义思想，以及后来在中国共产党和共产国际的帮助下制定"联俄、联共、扶助农工"政策，都产生了一定影响。

辛亥革命胜利之后，孙中山又多次谈到社会主义。1911年，武昌起义之后，孙中山自欧美回国，筹建中华民国临时政府。自海外归国当日，新成立的中国社会党即邀请孙中山就社会主义作专题讲演。

但这个邀请直到第二年的10月方才履行。1912年10月，孙中山在上海中华大戏院演说社会主义。当时上海的报纸形容这次演讲的盛况为：会场无隙可容。

此后，孙中山还作了多次演讲。

【采访】张海鹏（中国社会科学院学部委员、中国孙中山研究会副会长）

他所说的共产主义、社会主义的理论，他所说的他不赞成马克思主义的剩余价值或者阶级斗争理论，这一些在当时理论界，在20世纪20年代的中国理论界、思想界都曾经产生过很多波澜，刺激后来的理论家、后来的政治家，甚至包括中国共产党早期的领导人来思考中国的马克思主义，应该走什么道路。

20世纪初，日渐强大的日本成为中国进步思想家、革命者和留学生寻求救国之道的首要选择。日本也成为中国人研究与传播马克思主义的重要渠道之一。

【采访】狭间直树（日本京都产业大学教授）

当时中国留学生的人数已超千人，他们处于苦闷状态并具有拯救中国的思想意识，开始将目光转向了认识并改变社会现状方面。此时，他们在理解西方近代思想时，所读的就是日本从西方译成日语的书籍。

最早在文章中介绍马克思的中国人，是戊戌变法失败之后流亡日本的梁启超。1902年9月15日，梁启超在日本出版的《新民丛报》第18号上发表《进化论革命学者颉德之学说》一文，介绍进化论和社会学思想，并对马克思作了简要介绍。梁启超称马克思为"社会主义之泰斗"。

梁启超照片

这所中学名为执信中学,名称来源于早期马克思主义的传播者朱执信。

朱执信曾在日本留学。1905年11月,同盟会机关报《民报》第2号刊载了朱执信的《德意志社会革命家小传》。文章第一次比

朱执信照片

《近世界六十名人》

较详细地叙述了马克思、恩格斯的生平活动,并介绍了《共产党宣言》的主要内容和《资本论》中剩余价值学说的大致要点。

1920年9月,朱执信在广东虎门被军阀杀害。他在执信中学的墓地如今已成为年轻学子读书的场所之一。后来,毛泽东称赞朱执信是"马克思主义在中国的传播的拓荒者"。

当时在留日的中国学生中,传播马克思主义的思想已经形成一种风潮。在1903年2月15日出版的《译书汇编》第2卷第1期上,马君武发表《社会主义与进化论比较》一文,译介了马克思的唯物主义思想,并在文章最后列举了包括《共产党宣言》和《资本论》等在内的多部马克思主义著作。这是中文报刊上第一次出现马克思著作的书目。

《天义报》是刘师培、张继等人在东京创办的刊物。就在1908年的3月,《天义报》刊登了刘师培所作的《共产党宣言》的译序。这是中国历史上第一篇《共产党宣言》的译序。

1907年,在巴黎世界社出版的《近世界六十名人》一书让中国人第一次见识了马克思的形象。

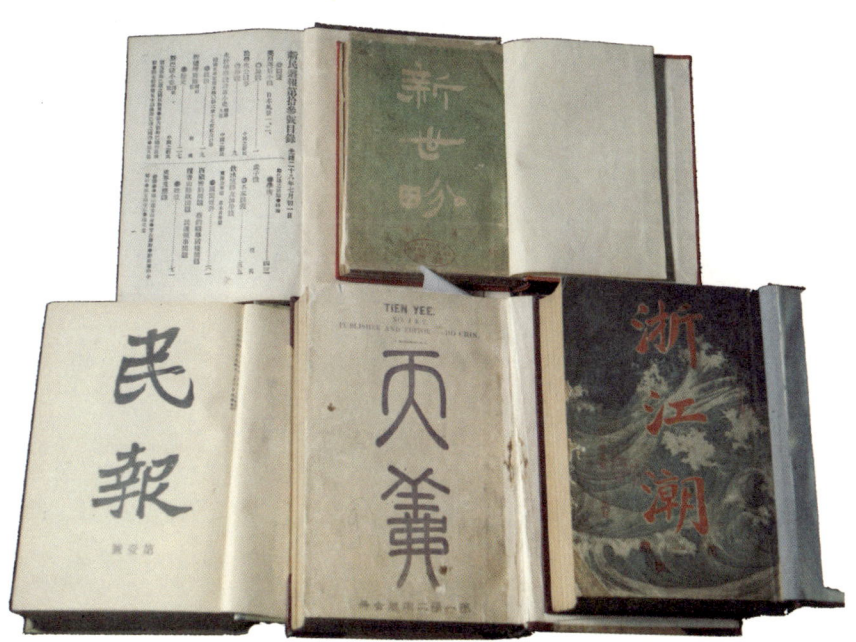

《浙江潮》《新民丛报》《民报》《天义报》《新世界》等杂志

至此,马克思的名字、学说和形象都已传入中国。

这里是上海的一幢普通的民居。

就在这里,1915年9月15日,后来的中国共产党创始人陈独秀创办了《青年杂志》,第二年改名为《新青年》。这份杂志开启了一场深刻影响中国现代历史的思想解放运动,后来的人们将这场运动称为"新文化运动",陈独秀则被毛泽东誉为"新文化运动总司令"。

圣彼得堡,"阿芙乐尔号"巡洋舰静静地停靠在涅瓦河畔。1917年11月7日,这艘巡洋舰发射的一枚信号弹宣告了十月革命爆发。列宁领导的布尔什维克党推翻了资产阶级统治,建立了工农苏维埃政权。

陈独秀照片

《新青年》编辑部旧址

第一集 历史选择 17

列宁像

列宁在领导俄国革命的实践中,丰富和发展了马克思主义的基本原理,把马克思主义推进到一个新的历史阶段,即列宁主义阶段。

【采访】丘马科夫(俄罗斯哲学协会副主席)

马克思主义思想依然在很大程度上决定着全世界的社会发展,由此自然而然就会产生关于个人在历史中的作用问题。弗拉基米尔·伊里奇·列宁就是将马克思主义理论思想变成现实的伟大人物中的一个。

李大钊照片

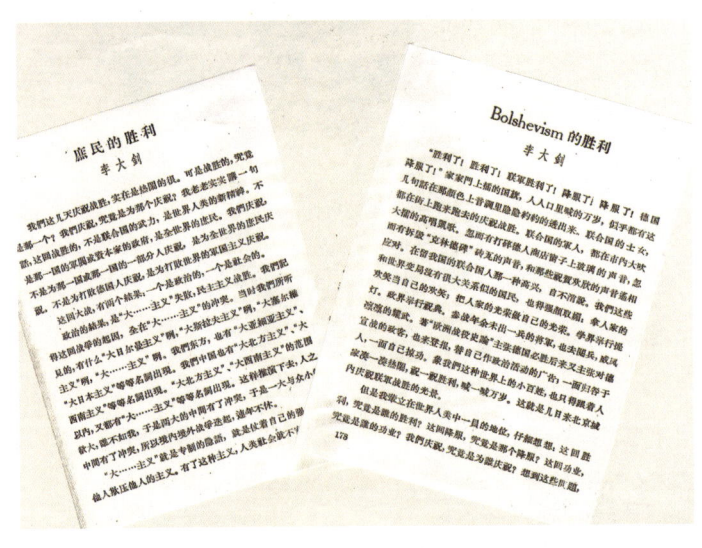

李大钊的《庶民的胜利》和《布尔什维主义的胜利》

三天后,国内多家报纸迅速报道了这一消息。当时报纸上所说的利宁、里林就是我们今天所熟知的列宁。十月革命的成功让马克思主义在众多的思想大潮中脱颖而出,为中国的先进分子所接受。正如毛泽东所说:"十月革命一声炮响,给我们送来了马克思列宁主义。"

1918年7月1日,时任北京大学图书馆主任的李大钊在《言治》杂志上发表《法俄革命之比较观》一文,第一次提出中国革命必须走俄国的道路。随后,他又在《新青年》上发表《布尔什维主义的胜利》一文,热情歌颂俄国十月革命的胜利,大声欢呼社会主义革命新时代的到来。

如今的凡尔赛宫,游人如织。

古老宫殿曾经见证了"一战"之后巴黎和会上的闹剧:作为战胜国的中国被要求将德国在山东的权益移交给日本。

也正是这场闹剧,引发了万里之外古老中国的一场声势浩大的社会运动,五四运动。

五四运动加速了马克思主义在中国的传播。在北京,在上海,新刊物如雨后春笋般涌现,介绍新思想,传播马克思主义和社会主义学说。

【采访】石川祯浩(日本京都大学教授)

从20世纪中国共产主义运动或称之为社会主义运动的历史来看,五四时期传播到中国的马克思主义对于中国共产党的诞生起到了一个很大的理论基础作用。当时的留日学生,具体来说,陈望道、李达、李汉俊、施存统、周佛海等人,以及从前留过日的陈独秀、李大钊等人,这些人全都是留日学生。日语的社会主义文献,对于他们介绍社会主义来说,起到了极大的作用。

在五四运动的热潮中,李大钊把他负责的《新青年》第6卷第5号编成"马克思主义专号",发表了著名的长篇论文《我的马克思主义观》,它标志着李大钊已经成为中国第一个马克思主义者。

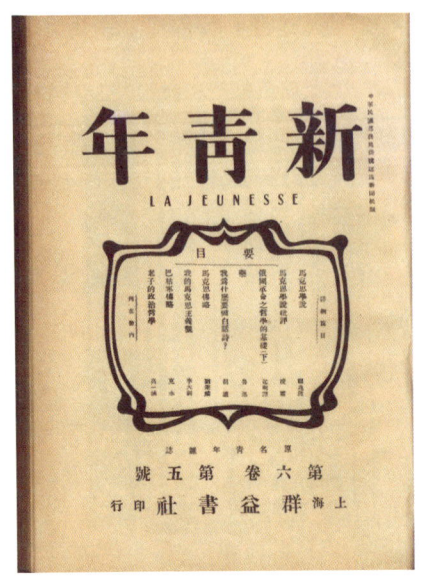

《新青年》杂志的马克思主义专号

1920年初,在李大钊主持下,北大成立了马克思学说研究会。

研究会在景山脚下的北京大学二院开辟了几间活动室,取名"亢慕义斋",意为"共产主义小屋"。

研究会用各种办法搜集中外文马克思主义文献,还组织会员对马克思主义原著进行翻译和介绍。据罗章龙回忆,研究会成立了一个翻译室,下设英、德、法文三个翻译组,德文组曾译过

亢慕义斋旧址

《共产党宣言》。

理论的传播有时要付出生命的代价。1927年,"铁肩担道义,妙手著文章"的中国马克思主义理论传播先驱李大钊在北京被军阀张作霖逮捕并秘密杀害,年仅38岁。

【采访】虞云耀(中共中央党校原常务副校长)

当时,在北方形成了以李大钊为中心的早期共产主义者群体,在南方在上海形成了以陈独秀为中心的共产主义者群体。他们大力宣传马克思主义,为中国共产党的建立奠定了思想理论和组织的基础。

在中国的马克思主义传播史上,《共产党宣言》的翻译、出版、传播占有特殊的地位。中国人最早了解马克思主义学说,就是通过《共产党宣言》。

自1905年朱执信在《民报》上介绍《共产党宣言》的部分内容后,陆续有《宣言》的片段被翻译成中文,但是始终没有一个中文全译本公开出版。

五四时期,戴季陶主编的《星期评论》有意全文翻译连载《共产党宣言》。邵力子得知此事后,向他举荐了理论和语言功底俱佳的陈望道。

陈望道,出生于浙江义乌分水塘村。1915年,25岁的陈望道赴日本学习,在此期间接触到马克思主义学说。

1919年6月回国后,他在浙江第一师范学校担任国文教员。

进入浙江一师后,陈望道立即投身于新文化运动,他与学生一起发起了国文教育改革和学生自治运动,遭到当局镇压,引发了轰动全国的"浙江一师风潮"。

陈望道照片

此时,陈望道收到了邵力子发来的翻译邀请。

于是,1920年春,他回到家乡,着手翻译《共产党宣言》。陈望道是依据戴季陶提供的日文版《共产党宣言》,并参照陈独秀提供的英文版《共产党宣言》进行翻译的。

【采访】陈振新(复旦大学教授、陈望道之子)

因为是夜以继日(地)工作,人也瘦了,我祖母看着就心痛了,他这么辛苦,所以就搞一点糯米啊,包了一点粽子,然后就是我们家乡红糖很多,她就去弄了一点红糖,让他吃粽子,补补身体。过一会儿她进去收拾碗碟,一看我父亲嘴巴都是黑的。原来我父亲那时注意力很集中,在翻译,所以他拿着这个粽子蘸着墨汁吃下去,自己都不知道。就这样子,他花了比平时多五倍的功夫,差不多大概一个月吧,在4月底就把这《共产党宣言》全部翻译出来了。

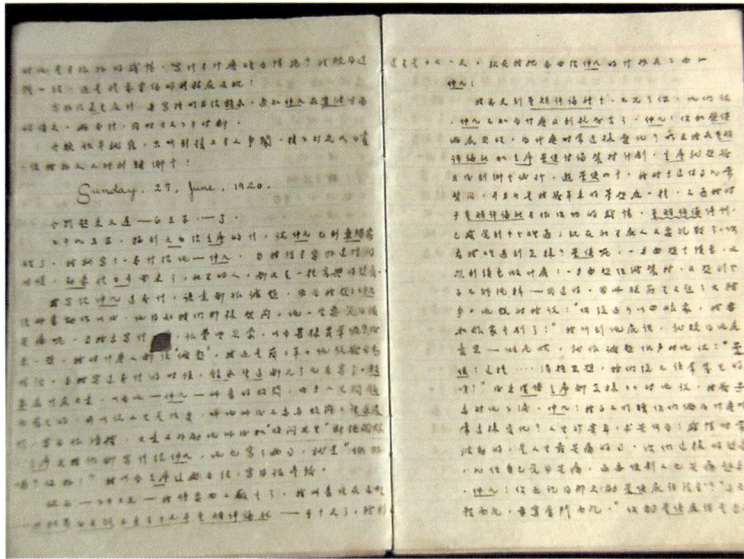

俞秀松日记

克服了种种困难,陈望道终于完成了译稿。1920年4月底,他带着刚刚完成的译稿赶赴上海。可是,《星期评论》这时却面临停刊。《共产党宣言》的连载计划被迫搁置下来。

恰在这时,共产国际代表维经斯基来到上海,在得知《共产党宣言》已被译成中文却遇到出版困难后,决定资助出版,并在上海拉斐德路(今复兴中路)成裕里12号建起一个名叫"又新"的小印刷所。陈独秀立即着手组织对《宣言》译稿进行校订。

当时,上海马克思主义研究会成员俞秀松在日记中这样记载:1920年6月27日,"夜,望道叫我明天送他译的《共产党宣言》到独秀那里去,这篇《共产党宣言》底原文是德语,现在一时找不到,所以只用英、俄、日底译文来对校了。"

1920年8月,《共产党宣言》第一个中文全译本终于在上海问世。由于印刷仓促,封面的书名错印成了《共党产宣言》,这个错误在次月出版第二版时作了更正。

《共产党宣言》出版后,陈望道特地托人送给也曾在浙江一师工作过的鲁迅一本。鲁迅看后称赞道"埋头苦干,把这本书翻译出来,对中国做了一件好事"。

自《共产党宣言》陈译本出版到现在,我国先后正式出版过12种中译本。1998年,为纪念《共产党宣言》发表150周年,中央编译出版社出版发行了《共产党宣言》纪念版和珍藏版,中共中央编译局还与中央电视台联合制作了电视文献纪录片《共产党宣言》。

毛泽东,这位新中国的缔造者在他自己的回忆中讲到,他就是通过阅读《共产党宣言》而成为马克思主义者的。

1936年,在延安窑洞里,毛泽东告诉远道而来的美国记者斯诺:"有三本书特别深地铭刻在我的心中,建立起我对马克思主

陈望道译的《共产党宣言》一版、二版封面

毛泽东青年时期照片

义的信仰。"其中一本便是《共产党宣言》,陈望道译,这是用中文出版的第一本马克思主义的书。

【采访】高放(中国人民大学教授)

陈译本《共产党宣言》是用中文刊行的第一本完整的马克思主义经典著作。《宣言》面世时,正是中国共产党上海发起组成立的时候。因此,《宣言》的出版和传播,对早期党组织的发起和组成,以及1921年中国共产党的诞生作了思想上和理论上的准备。

**【采访】李君如**(中共中央党校原副校长)

他讲的话、他自己的回忆,基本上反映了他当年所走过的思想历程。而这思想历程当中最可贵的是,他接受马克思主义并不是简单地读了一两本书,而是在实践中思考中国的问题,在实践中寻找能解决中国问题的思想武器,这样就成为了一个马克思主义者。

这也成为后来毛泽东思想形成的源头。

陈望道和他的《共产党宣言》也直接影响了一批中共早期领导人。1920年下半年,就在陈望道携《宣言》中译本从义乌山村到上海落脚的同时,22岁的刘少奇、16岁的任弼时等相继来到上海霞飞路新渔阳里的外国语学社学习。这里是培养青年共产主义者的一个基地,陈望道则是他们的老师之一。

蒙达尔纪,这座距离巴黎不到100公里的小城,20世纪上半叶,一群以勤工俭学方式赴法留学的青年来到了这里。

在这批青年当中产生了许多杰出的马克思主义者和共产主

刘少奇青年时期照片

中共留法支部照片

战士,如周恩来、蔡和森、蔡畅、向警予、徐特立、陈毅、邓小平、李立三、王若飞等。

【现场同期】杨艳春(法国巴黎海王星旅店经理)

这个房间就是当年周恩来总理在法国留学时曾经居住过的旅店,他当时住的就是这个房间。

这间不到10平方米的小屋以其低廉的价格吸引了后来的中国伟人。周恩来于1920年赴法勤工俭学,在赴法之前他就了解了《宣言》一书,抵法后他和当时先行留法的蔡和森等人一起继续

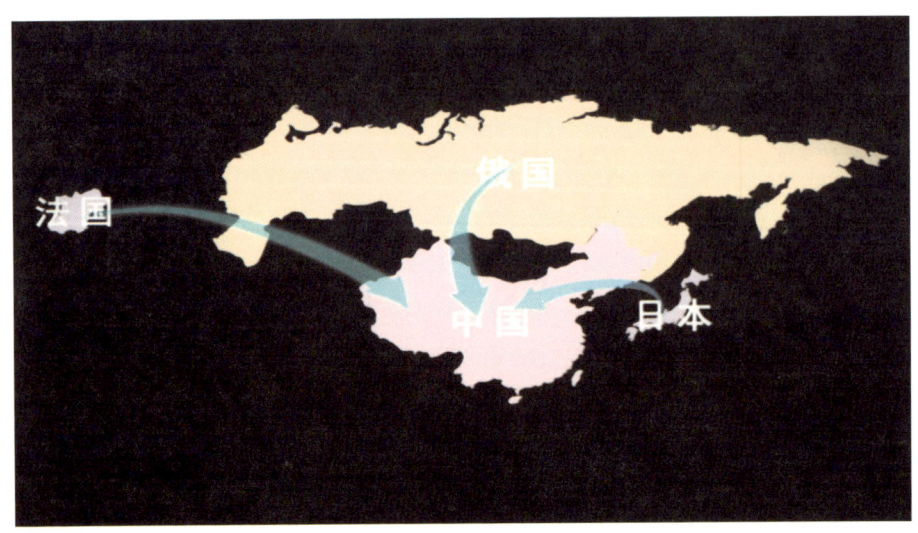

马克思主义传入中国三条线路示意图

学习《宣言》,最终成为共产主义者。

　　蔡和森是我党早期重要的理论家,刚刚抵达法国时候,他的法语还不是十分流利。据他妹妹蔡畅回忆:"蔡和森在法国时,很用功,看《人道报》时,一个字一个字查字典,再看小册子,然后再看原著。"1920年2月,蔡和森不顾严重的哮喘,废寝忘食地翻译马克思主义著作。《共产党宣言》就是他以顽强的毅力从法文译成中文的。译稿完成后,蔡和森拿给大家传阅。

　　1992年,早年曾经留学法国的邓小平在南方谈话时深情地说:我的入门老师是《共产党宣言》……马克思主义是打不倒的,马克思主义的真理颠扑不破。

　　周恩来、蔡和森、邓小平等人身处法国,努力学习研究马克思主义理论,通过各种途径向国内介绍马克思主义,增进了国内对马克思主义的了解和认识。他们陆续回国后,成为中国革命的骨干力量。法国也因此成为马克思主义早期传播的又一重要渠道。

西方的坚船利炮轰开了中国的大门,也使有识之士"开眼看世界"。就在这探求救亡图存道路的过程中,中国的历史选择了马克思主义。

日本、法国、苏俄是马克思主义传入中国的三个主要渠道。这三条线路,辗转曲折。它们传递的是同一把理论的火种。这把名叫"马克思主义"的火种,一经抵达华夏大地,便宛如星星之火,迅速燎原。

本集撰稿　张文红

本集编导　魏春桥

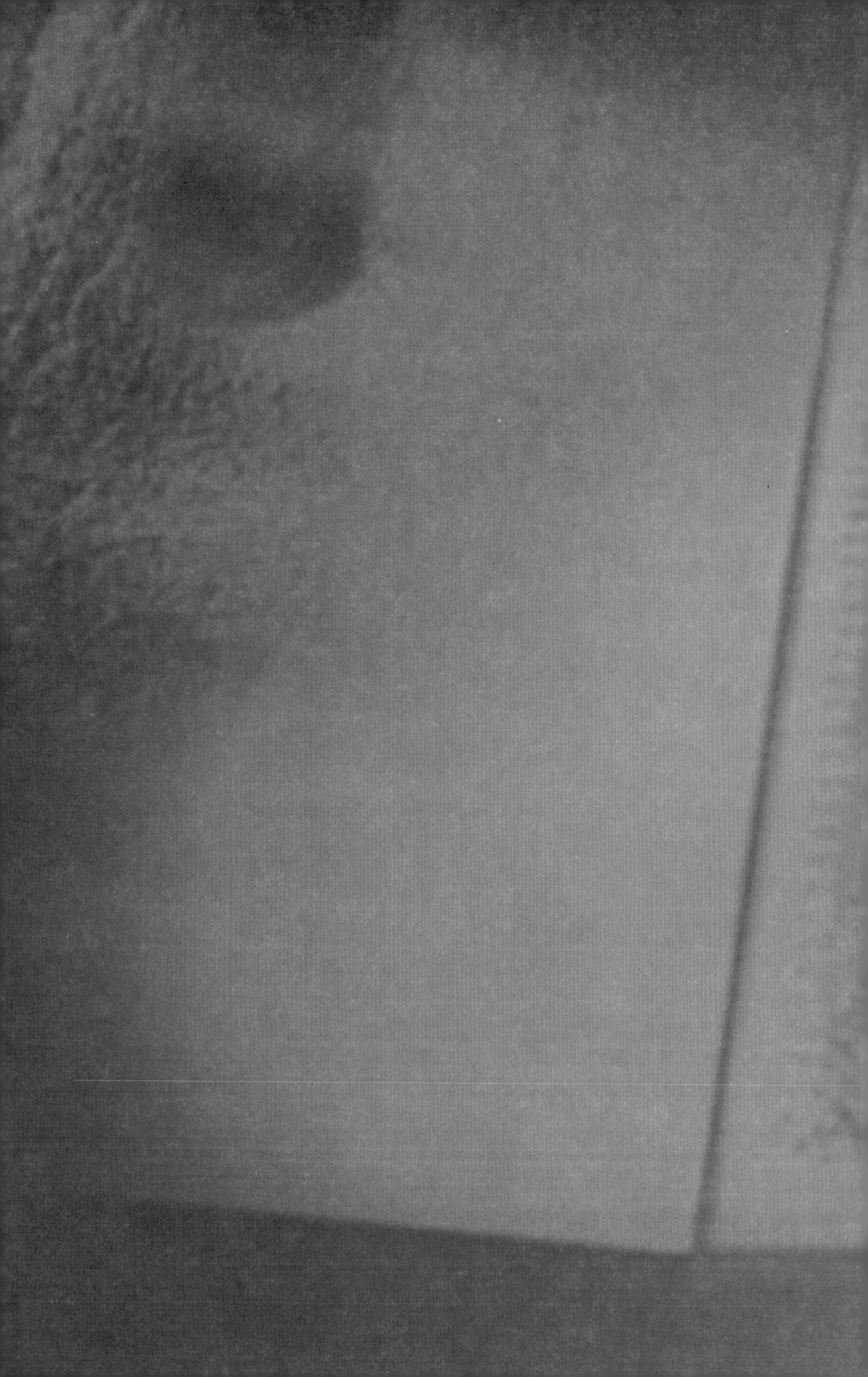

# 思想的历程

## 第二集 星火燎原

马克思恩格斯的学说在上个世纪初就已经零星地传入中国，但是并没有产生多大影响。只有在中国共产党诞生以后，马克思主义这一先进理论才开始在中国大地上生根、发芽、开花、结果。旧中国内忧外患、国势颓败，反动保守势力异常强大，就像鲁迅所说的那样，"即使搬动一张桌子，改装一个火炉，几乎也要血"。但就是这么一个十分弱小，却有着先进理论指导和远大抱负的政党，殚精竭虑，不畏艰险，使马克思主义在中国大地上烧成一片大火，真正改写了中国的命运。

## 第二集　星火燎原

20世纪20年代，在上海霞飞路新渔阳里6号这幢石库门的房子里，住着一位叫杨明斋的人。

杨明斋，山东平度人。1901年初，杨明斋背井离乡辗转到了符拉迪沃斯托克、西伯利亚做工谋生。期间，他积极参加俄国工人运动，很快被推选为华工代表，十月革命前便加入了布尔什维克党。

1920年春，共产国际派以维经斯基为首的工作组来中国考察，准备与中国的革命组织建立联系。杨明斋作为小组成员，随行担任翻译，并负责协调工作。

杨明斋照片

经李大钊介绍，工作组由北京来到上海与陈独秀等人建立了联系。为了见面方便，杨明斋租下了这幢房子作为活动地点。

工作组向陈独秀等人建议尽快成立中国的党组织。陈独秀、李汉俊、陈望道、沈雁冰等，这几位在今天看来可谓大名

维经斯基照片

鼎鼎的人物，经常在这间屋子里反复地讨论和协商。终于在1920年5月，他们发起成立了一个具有历史意义的组织，名叫"马克思主义研究会"，负责人是陈独秀，成员还包括沈玄庐、俞秀松、杨明斋和施存统等。这是向建立中国共产党迈出的第一步。

1920年8月，在"马克思主义研究会"的基础上，陈独秀等人建立了上海的共产党早期组织，这个组织成为中国共产党的发起组。

【采访】章百家（中共中央党史研究室副主任）

马克思列宁主义为什么吸引人？这是因为它提供了改变中国命运所迫切需要的思想武器。这就是开展阶级斗争进行社会革命；反对帝国主义殖民统治，实现民族独立；还有就是怎样组织坚强的、纪律严明的革命政党。而这三点是当时传入中国的其他思想和理论所不具备的。

1920年下半年，继上海之后，北京、武汉、济南、长沙、广州、巴黎和东京等共产党早期组织陆续建立起来。这些共产党的早期组织，在紧锣密鼓地做着建党准备工作的同时，还以各种方式宣传和译介马克思主义和社会主义理论，组织工人运动。

【采访】章百家（中共中央党史研究室副主任）

当时，这些组织的名称并不一致。现在，我们把它们统称为中国共产党的早期组织。这些组织一成立，年轻的共产党人便积极投身到现实斗争中去。通过开办工人夜校、创办刊物等办法，宣传"劳工神圣"，启发工人觉悟，组织工人为自身的利益而斗争，在传播马列主义方面发挥了很大作用。

《劳动者》

《劳动音》

1920年8月15日，陈独秀、李汉俊发起创办了通俗刊物《劳动界》周刊，陈独秀、李达、李汉俊、陈望道等人是主要撰稿人。他们用通俗易懂的语言向工人阐述了劳动创造一切价值的理论。同年9月起，他们又把《新青年》改为上海共产党早期组织的机关刊物，大量发表列宁著作的译文和关于列宁生平的介绍；开辟《俄罗斯研究》专栏，介绍俄国十月革命后的情况。同时，北京的《劳动音》、广州的《劳动者》等也产生了广泛的影响。

1920年11月7日，在俄国十月革命三周年纪念日这一天，上海的共产党早期组织创办了半公开的刊物《共产党》，李达担任主编。刊物用大量篇幅介绍马克思列宁主义学说、各国共产主义运动的情况与经验、中国各地工人运动的发展情况，探讨中国革命的重要问题。

在这期间，上海的共产党早期组织还起草了《中国共产党宣

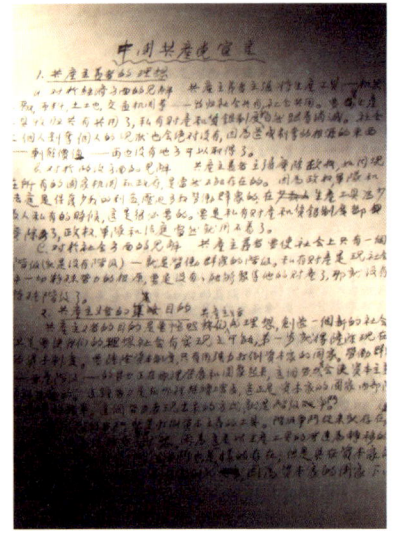

《中国共产党宣言》　　　　　　　《共产党》创刊号

言》。这份保存在中央档案馆中的宣言文稿,是在中共驻共产国际代表团档案中发现的。但是,这个中文稿不是原件,是根据英译稿翻译的。最初的中文稿已经遗失。

《中国共产党宣言》言简意赅,通俗易懂。它第一次把马克

中共一大会址

思和恩格斯撰写的《共产党宣言》运用到中国革命实际中来，表达了中国共产党人的理想和主张。这表明，中国共产党从筹建开始，就坚定地把马克思主义作为自己的理论基础。此后的风雨历程，中国共产党时刻不忘用先进的理论来武装全党，指导中国革命与建设的伟大事业。她对理论和思想之先

李达照片

进性的高度重视是古今中外其他任何一个政党都无法比拟的。理论的力量自始至终贯穿着中国共产党的成长历程。

1921年7月23日晚，中国共产党第一次全国代表大会在上海秘密召开。大会最后一天因遭法租界侦探的突然干扰，会议转移到了浙江嘉兴南湖的一艘游船上进行。大会选举陈独秀为中央局书记，张国焘负责组织工作，李达担任中央宣传主任，主管党的宣传出版工作。

中国共产党成立后，立即开始有领导、有计划地翻译和介绍马克思主义经典著作，在上海成立了第一个秘密出版机构——人民出版社，负责人是李达。

20世纪20年代，这个叫作"辅德里"的小弄堂里，都是用青红砖相间砌成的石库门房子，各家前后都有门，独进独出。如果有人侧身而入，很难看出他进入的是哪家哪户。那时，有一个戴着眼镜的年轻人，经常出入于625号。这个人就是李达，这里是他的家，也是人民出版社的秘密社址。

出版社的编辑、校对和发行等工作主要由李达承担。那时，他经常通宵达旦地工作，肚子饿了就啃几个冷馒头，有时甚至数日不出门，专心出版马克思主义著作。为躲避反动派的搜查和破

坏,李达常常采取隐蔽伪装的方式出版书籍。例如,特意把书上的社址印成"广州昌兴马路26号",以此迷惑反动警察的眼睛。

**【采访】薛德震**(人民出版社原社长)

李达自己还是一个著名的马克思主义的理论家、哲学家,一生写了大量的研究马克思主义的著作。他的《社会学大纲》是很著名的,为在中国传播马克思主义作出了重要的贡献。毛泽东曾经赞誉他是理论界的鲁迅。

李达为人民出版社拟订了丰富的出版计划,包括"马克思全书"15种,"列宁全书"14种,"康民尼斯特丛书"即"共产主义丛书"11种,等等。

毛泽民照片

**【采访】薛德震（人民出版社原社长）**

当时由于环境险恶，物质条件匮乏，这个计划没有能够全部完成，1922年出版了十多种书，1923年人民出版社去到广州，与新青年社合并。中华人民共和国建立后，1950年12月1日重建人民出版社，毛泽东为人民出版社亲笔题写了社名。

继人民出版社之后，1923年11月，中国共产党又成立了第二个出版发行机构——上海书店，经理是毛泽东的弟弟毛泽民。

上海书店在国内外建立了庞大的发行网，遍布长沙、南昌、广州、太原、青岛、重庆、宁波、香港、海参崴和巴黎等地。共产党人通过这些网络把马克思主义著作传送到读者手中。

1926年2月，军阀孙传芳以"煽动工团"、"妨碍治安"为由，派军警查封了上海书店。

让我们把目光再次投向上海新渔阳里6号，上海的共产党早

外国语学社旧址

期组织在筹备建党的同时,还在这里建立了社会主义青年团和外国语学社,目的是培养党的后备力量,输送到苏维埃俄国学习马列主义。

外国语学社由杨明斋任社长,俞秀松任秘书,俄文教师有杨明斋和维经斯基的夫人库兹涅佐娃,李达是日文教师,李汉俊是法文教师。学员少时二三十人,多时达五六十人,其中包括我党历史上的许多风云人物,例如刘少奇、任弼时、罗亦农、蒋光慈、肖劲光等等。学员们除了学习外语,还阅读了李汉俊译的《马克思〈资本论〉入门》、陈望道译的《共产党宣言》等。

【采访】刘源(中国人民解放军总后勤部政委、刘少奇之子)

在上海,在那儿他(刘少奇)也有过回忆,确实给他印象最深的是库兹涅佐娃,一个苏联的白俄老太太给他们讲俄语。(我父亲)跟我讲他的俄语水平也很有限,因为就补习了那一段,但是在那一段他们重点研究马克思主义的根本理论。在上海的时候就听了《共产党宣言》,在留苏之前也确实看过《共产党宣言》。

1920年冬到1921年春,学社将学员分三批输送到苏维埃俄国。他们化装成裁缝、理发师、新闻记者等,通过水路和旱路,经过千辛万苦,辗转到达莫斯科,进入东方劳动者共产主义大学学习。

这是俄共(布)创办的专门培养苏联东部地区民族干部和东方各国共产党干部的学校,简称"东方大学"。刘少奇、任弼时、肖劲光、罗亦农、王一飞、俞秀松、任作民、曹靖华、蒋光慈等三四十人组成了中国班,成为中共第一代留俄生。

莫斯科东方大学旧址

莫斯科中山大学旧址

1923年，赴法勤工俭学的赵世炎、陈延年、陈乔年、王若飞、萧三等也陆续来到东方大学，汇入留俄生的行列。

第一次国共合作时期，又有大批党的干部和学生被送往苏俄留学。他们中的少数人进入东方大学，大多数人进入莫斯科中山大学。"中国劳动者孙逸仙大学"，即莫斯科中山大学，它是1925年9月共产国际为纪念孙中山、培养中国革命干部而成立的。

东方大学和中山大学为中国共产党培养了大量革命骨干，其中就有我们所熟知的邓小平、叶剑英、刘伯承、王稼祥、杨尚昆等等。

俄国十月革命的胜利让新生的苏俄成为马克思列宁主义传入中国的重要途径。这条途径被称为马克思主义传播史上的"东方路线"。这条线路上主要汇聚了外国语学社学员、旅欧学生和上海大学学生。

【采访】王东（北京大学教授）

这批留苏的学生，他们也翻译了马克思和列宁的一些重要著作，比如说《国家与革命》，《帝国主义论》，蒋光慈翻译的《民族和殖民地问题》，任弼时同志翻译的《中国战争》，瞿秋白翻译的列宁的哲学著作，都在中国的民族解放中起到了重要的指导作用。

1922年10月，上海私立东南高等师范专科学校改名为上海大学，成为一所以共产党人为主要骨干的新型革命学校。

校长由于右任担任，副校长为邵力子，社会学系主任是瞿秋白，中文系主任为陈望道。任教的教师，包括蔡和森、恽代英、张太雷、朱自清、叶圣陶、田汉等进步和知名人士。在他们的影

上海大学旧照

响和带动下,上海大学的学生经常在工人中宣传马克思主义,组织和参加工人运动。1927年,蒋介石发动反革命政变,上海大学被查封。

虽然上海大学历史短暂,但却是国共合作时期党培养干部的重要阵地。很多学生先后走上了革命的道路,他们中有王稼祥、秦邦宪、杨尚昆、丁玲、柯柏年等。

柯柏年,原名李春蕃。1923年,他翻译和发表了列宁的《帝国主义论》的前六章,因此被沪江大学开除。不久,他在瞿秋白和张太雷的建议下进入上海大学社会学系学习。1924年,柯柏年

柯柏年照片

经杨之华介绍加入中国共产党。

【采访】胡永钦（中共中央编译局马恩室原副主任、资深翻译家）

柯柏年同志不仅是一位革命家，还是一位马克思主义经典著作翻译出版成就卓著的翻译家。1925年，他在回家的时候，在故乡就翻译了《哥达纲领批判》，当时因为没有订合同，他就自己出钱，而且用马丽英的名字在上海出版了这部著作。他说他的笔名比较多，他解释马丽英这个字，马表示马克思，"丽"用音表示列宁，以此来表示他对马克思和列宁的敬仰。

抗日战争爆发后，柯柏年辗转到了延安。延安马列学院成立后，他被调到翻译部从事译校工作，译校了大量马列经典著作，其中有《德国革命和反革命》、《法兰西阶级斗争》、《拿破仑第三政变论》和《马恩通信选集》。

上海大学社会学系主任瞿秋白是中国共产党早期主要领导人之一。瞿秋白的革命生涯从五四运动就已经开始了。1919年5月4日，瞿秋白作为俄文专修馆的学生代表参加了五四爱国主义运动，随后担任了学联的评议部议员，先后和郑振铎、耿济之等人一起创办了《新社会》旬刊和《人道》月刊。1920年春，瞿秋白加入了李大钊在北京组织的马克思学说研究会，学习科学社会主义，接受了马克思主义的主张。

1920年10月，瞿秋白以《晨报》特约记者的身份前往苏俄考察，逐渐对列宁领导的俄国革命有了深入了解，更为系统地学习了马列主义。期间，他还担任中共驻苏俄代表团的翻译和东方大学中国班的教师。

列宁与瞿秋白亲切谈话（油画）

1921年7月6日，共产国际第三次代表大会在莫斯科克里姆林宫举行，瞿秋白以记者身份参加。在会议的间歇，他在走廊里遇见了列宁，进行了亲切的交谈。

在苏联期间，瞿秋白屡屡听到大家引吭高歌《国际歌》。那充满激情的雄壮旋律，使瞿秋白热血沸腾、激情澎湃。他很快学会了俄文版的《国际歌》。

1922年底，瞿秋白告别莫斯科回到祖国，暂住在北京大羊宜宾胡同堂兄瞿纯白的家里。那时，《国际歌》的歌词已经翻成了中文，但由于译文晦涩不上口而无法广为传唱。瞿秋白决心重译《国际歌》，让它在中国广泛流传，成为中国无产阶级革命的战歌。于是，在堂兄家的风琴边，他对照法文原文，一边弹奏风琴，一边反复斟酌吟唱，每一句歌词都要推敲再三。

【采访】瞿独伊（新华社国际部原俄文翻译、瞿秋白之女）

国际歌，我知道原来翻译得不顺当，有好几个翻译，他翻译的时候，主要的哪一点不顺当，就是唱起来不顺当，他那里有一个叫作国际（的歌词），唱起来这个俄文，很长，唱起来这个中文，只有国际两个字就断了，完了，我爸爸想来想去，他也会弹风琴，他那个时候在堂兄那里生活，那里有风琴，他也会弹，他就一边弹一边配，说怎么办呢？这个那么长，就国际完了，俄文唱起来很长，他想起来就译音，以后国际歌就好唱了。

1923年6月，中国共产党第三次全国代表大会在广州召开。会议结束那一天，全体代表来到黄花岗烈士墓前，在瞿秋白指挥下，高唱刚刚学会的《国际歌》。从此，这首雄壮有力的歌曲就

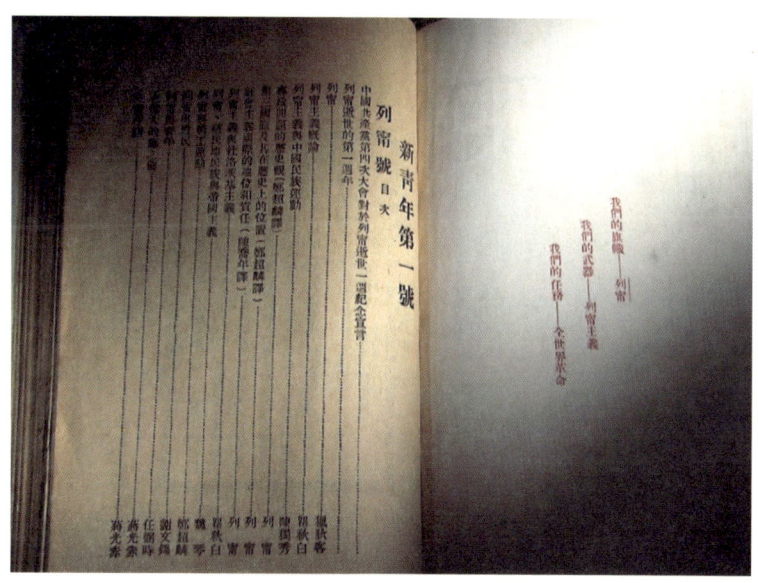

瞿秋白主编的《新青年》列宁逝世一周年专号

在中国大地上传唱开来,激励着一代又一代中国人为了无产阶级的解放事业抛头颅,洒热血,续写了一个个惊天地、泣鬼神的乐章。

党的三大后,瞿秋白负责编辑中国共产党机关刊物《新青年》,译介了大量列宁著作,热情地传播列宁主义。

1925年1月,《新青年》由季刊改为月刊,首刊就是由瞿秋白主编的列宁逝世一周年专号。此外,瞿秋白还在《向导》周报、《布尔什维克》等许多党的理论刊物上发表了大量传播列宁主义的文章。

瞿秋白一生留下了多达500余万字的著作、译作和文章,从哲学到社会科学,从革命理论到文学作品,内容十分广泛,主题大都集中在对马克思列宁主义以及苏联社会的介绍和研究上,为马克思列宁主义在中国的传播发挥了重要作用。

广州市长洲岛,黄埔军校所在地。1924年,孙中山在中国共产党和苏俄的支持与帮助下,创办了这所中国现代史上著名的军事院校。黄埔军校的教学和管理基本参照苏联军校的模式，除军事教育外，还有政治教育，以教授革命理论和革命知识为主。

【现场同期】冯惠（黄埔军校旧址纪念馆副馆长）

在黄埔军校的政治教官当中，大部分是优秀的共产党员，像大家非常熟悉的政治部主任周恩来，当时他只有26岁，刚从法国留学回来，就来到黄埔军校任政治部主任。还有聂荣臻，1926年从苏联留学回来之后，就来到黄埔军校任政治部的秘书兼教官，还有大家非常熟悉的恽代英、肖楚女，他们都是黄埔军校的政治教官。应该说共产党员在黄埔军校的政治教育当中所占的比例是非常大的。

据曾是黄埔军校第一期学生的徐向前回忆，他就是在黄埔军校学习期间，通过学习这些课程和书刊，对共产主义和苏联的十月革命有了进一步的了解。

【现场同期】冯惠（黄埔军校旧址纪念馆副馆长）

黄埔军校在对学生的政治教育方面，还作了一个特别的规定，就是社会主义、共产主义和马克思主义方面的书籍，在黄埔军校均可以阅读，学生们在这里思想是相当自由的。除了可以看到三民主义书籍之外，还可以看到社会主义、共产主义以及马克思主义理论方面的书籍。

中国共产党成立后，马克思主义经典著作翻译和出版出现了第一次高潮，革命运动更加风起云涌。在中国大地上，马克思主义变成了一股强大的力量。面对这种力量，以蒋介石为代表的国

《井冈山的斗争》《中国的红色政权为什么能够存在》

民党右派感到恐惧。1927年，正当北伐节节胜利时，蒋介石发动了"四·一二"反革命政变，疯狂屠杀共产党人。

但是，中国共产党人传播马克思主义的信仰始终没有改变，甚至不惜牺牲生命去实现共产主义理想。正是在这种信仰的鼓舞下，他们承担起了继续推动新民主主义革命的历史使命。

大革命失败以后，中国共产党人开始探索出一条农村包围城市、工农武装割据的革命道路。在毛泽东建立的第一个农村革命根据地——井冈山，战斗频繁，环境十分艰苦，条件非常恶劣。但是，共产党人仍然坚持马克思主义的理论学习。期间，毛泽东根据大量的实际调查和研究，运用马克思主义基本原理全面深刻地分析社会现实，写出了《中国的红色政权为什么能够存在》、

《井冈山的斗争》《星星之火，可以燎原》等一系列重要著作。

**【现场同期】邹亮辉**（瑞金中央革命根据地历史博物馆馆长）

来到瑞金以后，（为了）更好地传播马克思主义列宁主义，探究中国革命成功的道路，所以采取了几种形式，一种就是成立了马克思主义研究会，研究会下面成立了编印部，通过编印部来进行编印、印刷这些进步的理论书籍。再一个就是出版，虽然条件非常艰苦，但是他们还是想尽办法，利用传统的办法，像石印、油印、手刻，包括一些铅印，来进行印刷。而且在条件艰苦下利用了地方的土造纸，在这个造纸上来进行印刷，包括出版一些书籍。在这些方面，当时出了很多文章（书籍），像列宁的《十月革命》《国家与革命》《共产党宣言》，包括《社会主义的浅说》，还有《中国革命的基本问题》，包括《中国苏维埃》等等一系列的文章和著作，所以这些书籍的传播，通过讲课、传授，书籍的传授，宣传品的宣传，对传播马列主义起到很大的积极作用。

据不完全统计，仅1930年至1934年，中央苏区就出版各种不同的教科书28种，各种报纸和杂志16种，政治读物和社会科学书籍69种，其中大部分是马列主义的经典著作和介绍马列主义的通俗读本。

在当时极端艰难的战争环境里，毛泽东仍然不忘学习马列著作，想方设法搜集马列主义书籍。他对找到的书籍视为珍宝。长征途中他丢弃了许多衣物，但书却一本也没丢。

1932年，红军打下漳州，毛泽东找到一本《反杜林论》，如获至宝。不论在瑞金的茅草屋里，还是在长征的担架上，他反复

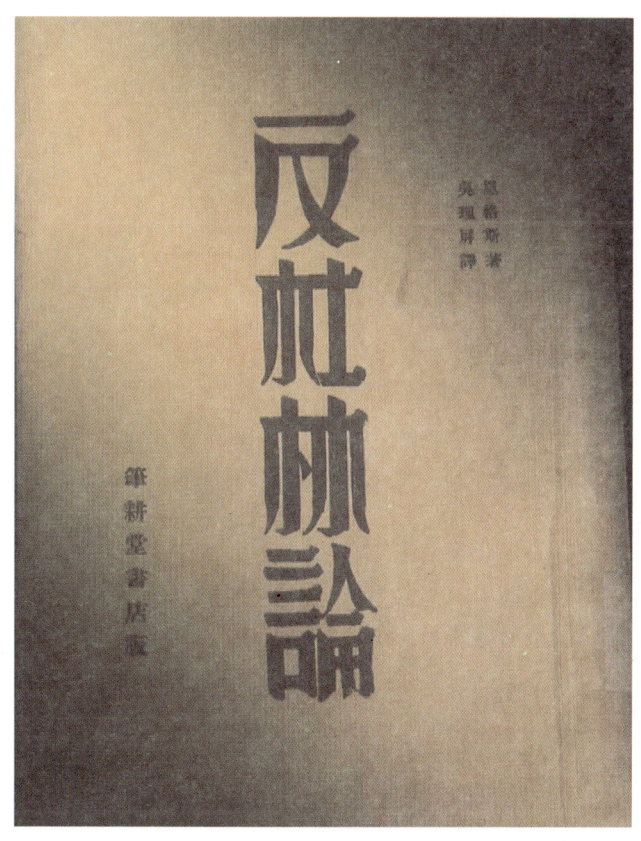

《反杜林论》封面

研读这本来之不易的重要著作。

据《反杜林论》的译者吴亮平回忆,在中央苏区,毛泽东多次邀请他到自己住处,研究《反杜林论》中的理论问题,深入探讨当前的革命实际问题。后来,毛泽东还曾以"大禹治水之功"来比喻吴亮平翻译《反杜林论》的功绩。

【采访】石仲泉（中共中央党史研究室原副主任）

从我们党成立之后，党领导人也都很重视学习马列著作，比如像毛主席来说的话，他学马列著作，在《共产党宣言》翻译到中国来之后，陈望道（1920年）那个本子他就读过。所以在整个土地革命战争时期，他读了这样一个《共产党宣言》，这样一个《反杜林论》，列宁的《国家与革命》、《左派幼稚病》、《两个策略》。所以他就说，我学马列是在马背上学的马列。条件非常艰苦的时候，他都一直坚持读马列著作，因为这是我们党的指导思想。所以他反对本本主义这个思想，是说明他对马列主义读得很活，能够掌握住精髓，到时候不能是只抠本本，去要咬文嚼字，要掌握它的精髓、灵魂，（用）这些东西来去指导中国的实际。

中国共产党成立之后，年轻的中国共产党人认真汲取马克思

毛泽东在20世纪二三十年代撰写的部分著作

列宁主义的思想精髓，热情翻译和传播马克思列宁主义著作，积极尝试运用马克思列宁主义去解决中国革命的实际问题，努力探索中国化的马克思主义理论道路。从此，马克思主义真理之火迅速传遍华夏中国，形成燎原之势；马克思主义理想之根深深扎进中华大地，不断发芽结果。中国人"从思想到生活出现了一个崭新的时期"。

然而，传播真理的道路总是艰辛、曲折、漫长。"路曼曼其修远兮，吾将上下而求索。"马克思主义在中国的早期传播过程，中间遇到了哪些问题呢？中国先进的知识分子又是如何解决这些问题的？

本集撰稿　郭伟伟　姚　颖
本集编导　闫志勇

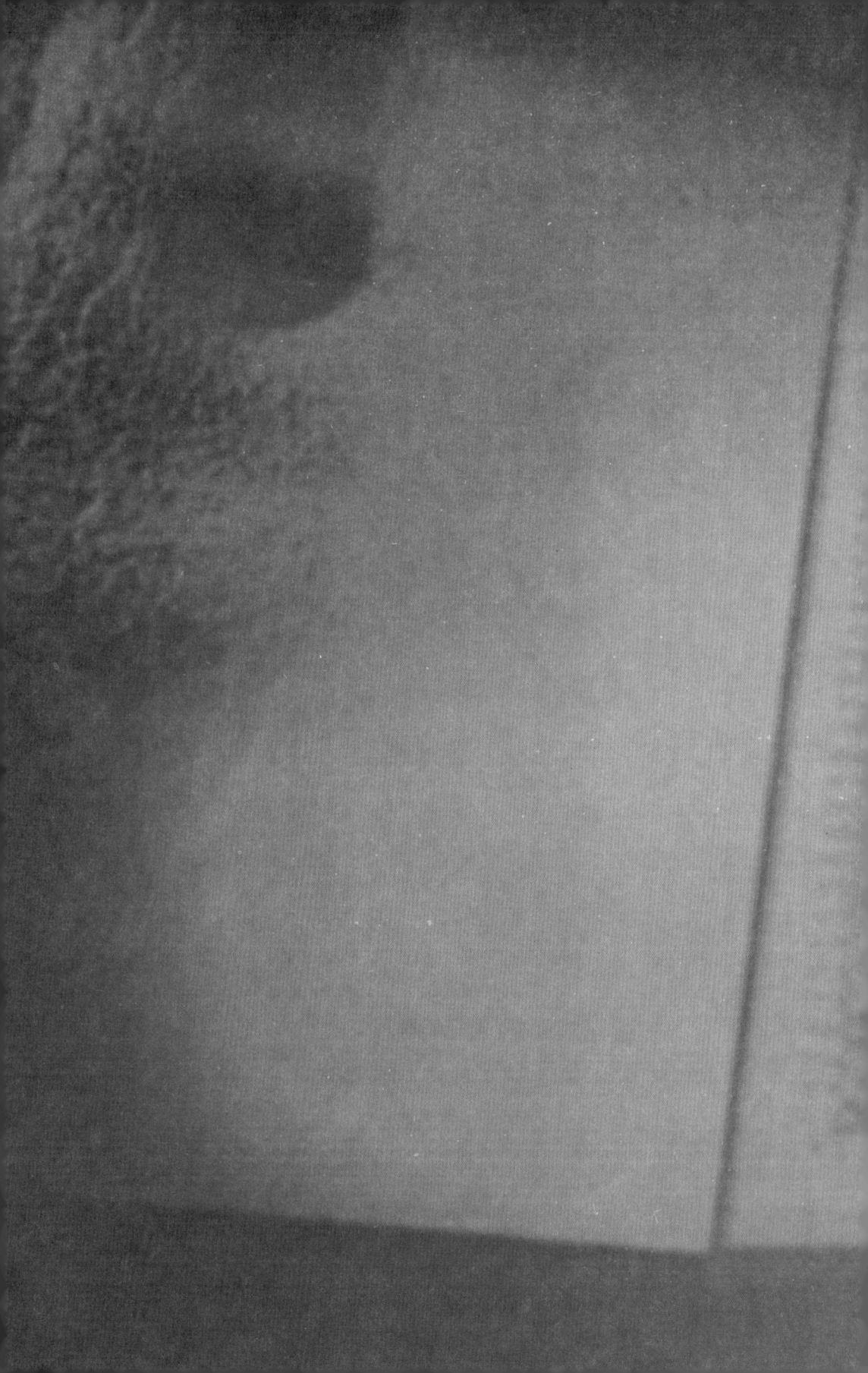

# 思想的历程

## 第三集 艰难岁月

年轻的中国共产党人在北伐战争中立下了丰功伟绩,却遭到了国民党反动派的屠杀、镇压和围剿。但是,共产党人并没有被吓倒,他们拿起枪,走上了农村包围城市,武装夺取政权的道路。同样在这种白色恐怖下,还有一群共产党人和先进的知识分子,他们以大无畏的革命勇气,以笔为枪,传播真理,使马克思主义在艰难环境中顽强地发展。

 # 第三集　艰难岁月

位于南京的中国第二历史档案馆，保存有大量民国时期的档案材料。

【现场同期】马振犊（中国第二历史档案馆副馆长）

1927年国民党政权成立以后，对于马克思主义和进步文化在中国的传播，进行了严格的限制和镇压，这是一份当年国民党当局查禁进步书刊的文件，据不完全的统计，1931年被国民党当局查禁的进步书刊就多达228种之多，国民党当局还专门成立了图书杂志审查委员会，对进步书刊的出版发行进行严格的限制和阻止。由此可见，马克思主义在中国的传播，当时遇到了多么大的困难。

轰轰烈烈的大革命失败后，白色恐怖笼罩着中华大地。国民党反动派在对革命根据地进行疯狂的"军事围剿"的同时，在国统区内进行残酷的"文化围剿"，企图扼杀马克思主义思想的传播。

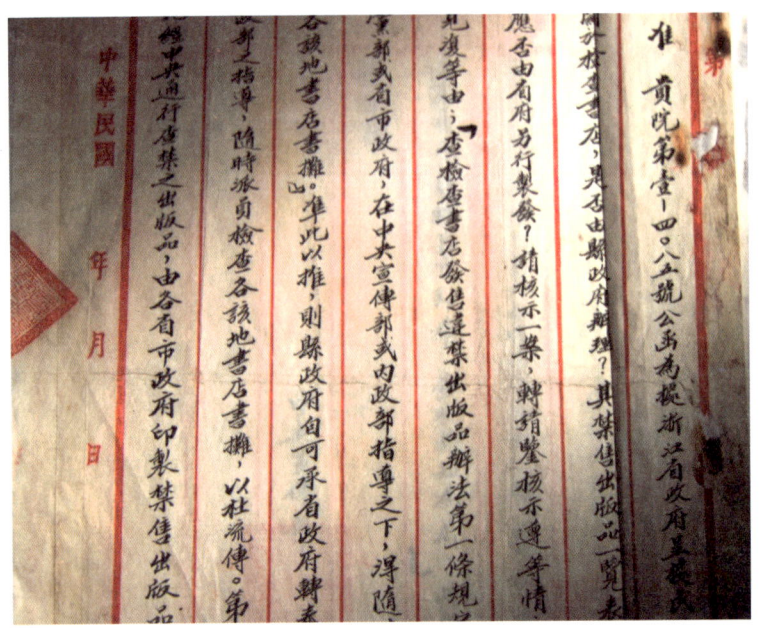

国民党当局查禁进步书刊的文件

面对残酷的环境,共产党人和进步人士对真理的追求就像生命渴望阳光,就像小草渴望雨露。他们冒着被关押、被杀头的危险,利用各种手段,或公开,或秘密,尽一切可能翻译和出版马列著作和党的文献。

部分"伪装书"

为了防止反动当局的查禁，出版者对这些图书进行了巧妙的包装。他们改头换面、改换书名、改换出版者和出版单位，以掩护书中的内容，这就是"伪装书"。在今天的中共中央编译局图书馆里，我们可以见到一批这样的"伪装书"。

【现场同期】郗卫东（中共中央编译局图书馆馆长）

这一本书，封面是《世界全史》，翻开后实际上是《列宁选集》的第12卷；还有这一本，它的书名是《秉烛后谈》，看目录也没有发现什么问题，只有看书中的内容才发现，它其实是中共中央的文件汇编。

在中国的马克思主义传播史上，大批"伪装书"的出现是一种不同寻常、发人深思的现象，它显示了国民党反动派对进步思想镇压的残酷，更映衬出马克思主义传播者的非凡勇气和超人智慧。

在这些"伪装书"的出版者中，有一个名字我们不能忘记，

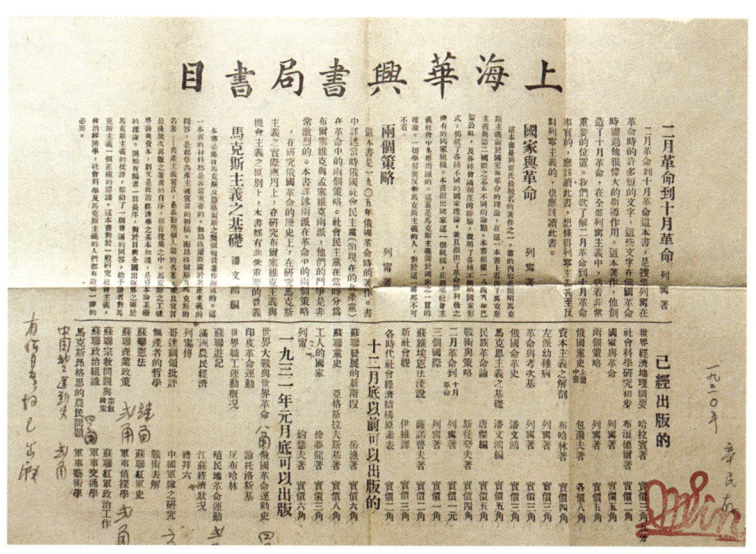

《上海华兴书局书目》

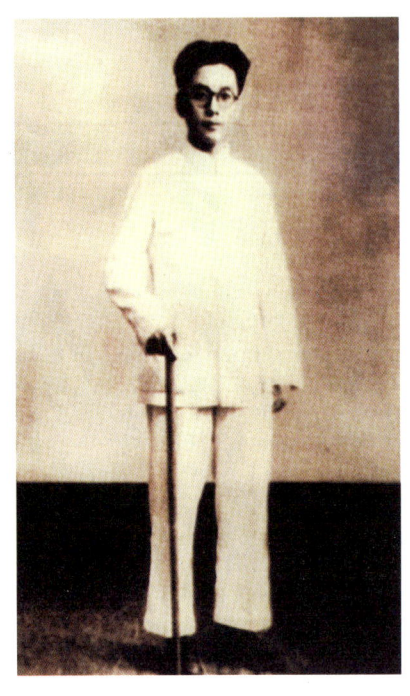

华岗照片

它就是华兴书局。1927年"四·一二"反革命政变后,上海笼罩在白色恐怖之中。党的出版机构上海书店被迫转入地下,1929年被国民党当局查封。正是在这样的形势下,华兴书局成立了。

面对险恶的环境,华兴书局克服重重困难,出版了大量马列经典著作和介绍苏联革命的书籍,通过私营书店、书摊等途径发行,使成千上万的读者接触到马克思主义。

今天,中共中央编译局图书馆依然保存着一份1930年出版的《上海华兴书局图书目录》。从这份目录上看,华兴书局出版过许多马克思主义著作,其中包括华岗翻译的《1905至1907年俄国革命史》和《共产党宣言》。

华岗,中国共产党著名的翻译家和革命家,忠诚的共产主义战士。他长期担任党、团宣传部门的领导工作,解放后曾担任山东大学校长。华岗深知马克思主义对中国革命的重大意义,因此,他把毕生精力用于研究和传播马克思主义,著述颇丰。

与之前的译本相比较,华岗译本质量有了提高,用语更加准确,文字更加流畅。华岗译本《共产党宣言》的出版采用了各种伪装的形式,有的是删去了共产党三个字,只用"宣言"两个字作为书名,有的则以"马克思主义的基础"这个书名来出版。

【采访】华景杭(中国大百科全书编辑、华岗之女)

它是中国共产党成立以后出版的第一个中文的全译本。它是中国共产党成立以后,由共产党人翻译的《共产党宣言》。它第一次从英文译本把《共产党宣言》翻译成中文,这个英文译本又是经过恩格斯亲自校阅的。它是首次采用了英汉对照的形式来出版,便于读者对照阅读。华岗译本在它的结尾句,第一次采用了"全世界无产阶级联合起来"这个响亮的口号。

由于华兴书局影响广泛,引起国民党当局的注意。1931年2月,国民党中央宣传部将华兴书局定性为"共党宣传机关",让上海军警"设法查封该书局,以遏反动"。上海淞沪警备司令部派人到康脑脱路一带查访,未见华兴书局,就询问763号的吉泰茶叶店。店老板说,原来书局是开在隔壁,后因亏本,已经停业。不死心的探警在周围四处搜查,结果还是一无所获。

他们哪里知道,中共地下党人早在他们行动之前,便已将书局搬到别处。后来,华兴书局更名为"启阳书店"、"春阳书店",继续秘密出版发行马克思主义书籍。

敌人的文网禁锢再严密,共产党人和进步人士也有办法突破。许多书籍今天被查禁,明天就换个名称继续出版;在这家书

生活书店旧照

店被查禁的书,又在另一家书店改头换面地到了读者手中。

那时,除了华兴书局这些中国共产党的地下出版机构,启智书局、明日书店等进步出版发行机构也积极出版包括马列主义著作在内的进步书刊,为马克思主义的传播发挥了重要作用。

其中,就有我们熟知的生活、读书、新知三联书店。说到三联书店,也许很多人不会想到,它其实由三家革命的出版社合并组成。而这三家出版社,以及它们合并的历史,恰恰就是马克思主义在中国传播历史的一角。三联书店因此被誉为"革命文化的堡垒"。

生活书店于1932年7月在上海成立,创办者是邹韬奋。邹韬奋,原名邹恩润,中国卓越的新闻记者、政论家、出版家,被誉为"人民的喉舌"。

"九·一八"事变后,邹韬奋全身心投入到抗日救亡运动中。他主编的《生活》周刊以团结抗敌御侮为根本目标,成为国内媒体抗日救国的一面旗帜。生活书店成立后,他任总经理,团结了一大批进步作者,在全国各地建立了56家分支机构,先后出版发行数十种进步刊物和包括马克思主义译著在内的千余种图书。1936年,因遭国民党当局迫害,邹韬奋不得不出走香港。临行

张仲实照片

前,他把重担交给了在生活书店做《世界知识》杂志主编的张仲实,让他担任总编辑。

张仲实,我党著名的马克思主义翻译家、出版家,1925年加入中国共产党。曾与张闻天、杨尚昆、伍修权等人一起在苏联留学。

【采访】张复(全国政协退休干部、张仲实之子)

父亲回国以后,就去上海从事进步文化活动。父亲曾对我们几个孩子说过,他是个"杂家",工作很辛苦,生活也很辛苦,除了许多翻译工作外,作为编辑出版家,他主持生活书店期间,以《世界名著译丛》的名义,出版了许多马列经典著作。同时还出版了大量进步书籍,深受广大青年读者的欢迎,仅《青年自学丛书》在30年代就发行100多万册。作为时事评论家,他主编《世界知识》、《国民公论》等杂志,参与编辑其他报刊十多种,他在这些报刊上发表了大量时事评论文章。

在主持生活书店工作后，张仲实为宣传马克思主义，传播革命思想，有计划地出版了许多进步书刊，其中包括以"世界名著译丛"名义出版的马列经典著作。

【采访】张积玉（陕西师范大学教授）

当时他自己也讲到过，他每天给自己规定两个小时的时间，只有两个小时的工作时间进行经典著作的翻译。

1940年5月，张仲实辗转来到延安，进入了马列学院担任编译部主任。新中国成立后，1954年，张仲实调入中共中央编译局

新知书店旧照

读书生活出版社
工作人员合影

任副局长。他把自己的一生都献给了马克思主义经典著作的编译与传播事业。

1935年8月在上海创办的新知书店，从一开始就由地下党领导，经理徐雪寒是中共地下党员。1940年，新知书店内迁武汉后，以"中国出版社"名义出版了大量马列著作。这些书稿由延安负责编辑，编好后秘密交给徐雪寒在武汉出版。所以，武汉"中国出版社"几乎能够与延安解放社同时出版同一本马列著作。

读书生活出版社于1936年底在上海成立，由李公朴、柳湜、艾思奇、黄洛峰等人创办，它最早出版的《哲学讲话》，即艾思奇的《大众哲学》，在宣传马克思主义哲学方面起到了重要的启蒙作用。

1948年10月26日，为了集中力量加强出版工作以迎接新中国的诞生，生活、读书、新知三家书店在香港合并，正式成立生活·读书·新知三联书店。

**【采访】樊希安**（三联书店总经理）

对此，党中央、毛泽东同志，都给三联书店以前的工作给予充分的肯定，认为三联书店过去在国统区以及香港，都负起了革命出版负责制的责任，积极宣传马列主义、毛泽东思想，作出了重要贡献，这里边一些工作人员，特别是邹韬奋先生等，都做了很多宝贵的工作。这些指示既是对我们的肯定，也是给我们指明了今后前进的方向，从那以后，三联书店一直是继续把宣传马列主义、毛泽东思想作为主要的任务。

这里是上海多伦路201弄2号，"左联"会址纪念馆就坐落在这里。80年前，在中国共产党的领导下，以鲁迅为旗手，创立了在中国现代文化史上有重要影响的中国左翼作家联盟，简称"左联"。"左联"团结了一大批左翼文化人士，形成了一支浩浩荡荡的左翼文化大军。

20世纪30年代，左翼文化运动的一个重要成就，就是对马克思主义理论的介绍和宣传。1930年，鲁迅翻译出版了普列汉诺夫的《艺术论》。1932年，瞿秋白将马克思、恩格斯、拉法格论述文艺的信件，整理编译成《现实——马克思主义文艺论文集》。此外，李达、许德珩、杜国庠、李一氓、吴亮平、王学文、何思敬、柯柏年、陈望道、冯雪峰等人都为无产阶级文艺和社会科学理论建设作出了重要贡献。

这个座落于青山秀水之间的小山村叫神坛村，隶属于浙江义乌赤岸镇。就在这天蓝云柔、月白风清的地方，孕育了一位杰出的马克思主义文艺理论家——冯雪峰。

左联会址纪念馆外景

左联会址纪念馆内景

冯雪峰(左)与鲁迅一家

冯雪峰1927年6月加入中国共产党。1928年12月,通过柔石介绍,他在上海与鲁迅相识,共同编辑《科学的艺术论丛书》,传播马克思主义文艺理论。1929年,冯雪峰参加了"左联"的筹备工作,成为左翼文化运动的重要领导人之一。1930年,冯雪峰开始摘译马克思著作中有关文艺和文学的论述,并陆续发表在《萌芽月刊》上。

**【采访】张静如（北京师范大学教授）**

在当时反革命文化"围剿"的这个时期里，国民党制定了一些法律和条例，查禁一些进步的书店，查禁了一些进步的刊物和书籍。他们还严审这种稿件，秘密地杀害了我们的一些进步的、革命的作家和翻译家，但是我们的共产党人和进步的文化人士，他们并没有被吓倒，在残酷的迫害之下，经过火与血的淬炼，更加成熟起来。

在他们的努力之下，翻译出版的马克思、恩格斯、列宁、斯大林的经典著作，有113种之多。所有这一切对于马克思主义在中国的传播起了重要的作用。

如果让我们找出一部在白色恐怖笼罩、反动势力猖獗的黑暗年代，最能够体现共产党人和进步知识分子为了传播马克思主义而不畏艰难、义无反顾、前仆后继的著作，那非《资本论》莫属。

《资本论》是马克思集毕生心血写成的不朽巨著，被誉为"工人阶级的圣经"。为了撰写这部著作，马克思阅读了当时几乎所有重要的经济学著作以及大量的哲学、政治学、法学、历史学文献，像对待一件艺术品那样精雕细刻，反复修订，数易其稿，仅第一卷从酝酿到出版就耗时二十余年。

早在五四新文化运动时期，李大钊等就曾撰文介绍过《资本论》的基本观点。但在很长一段时间内，中国读者都没能看到这部宏篇巨著的全貌。全文翻译《资本论》成为许多革命者和进步知识分子的夙愿，这其中就包括郭沫若。

早年在日本留学期间，郭沫若就抱定了全文翻译《资本论》的决心。1924年回国后不久，他在上海制定了一个翻译《资本论》的"五年计划"。有人劝他放弃这个想法，理由是这项翻译工程规模浩大，艰巨复杂，耗时费力。

郭沫若照片

**【采访】郭平英（郭沫若纪念馆馆长、郭沫若之女）**

大家都知道当时日本已经有了一个译本，是一个叫高畠素之翻译的，他翻译《资本论》用了将近十年的时间，等到把这部书翻译完了，这位高畠先生也就病得不轻了，然后没有多久就过世了。郭沫若听到这个话以后说，如果说为了翻译《资本论》而死的话，那也是死得光荣的。所以他当时确实抱定了一定要把这件事做成的信念。

陈启修译的《资本论》第一卷第一分册（左图）

陈启修照片（右图）

由于当时的出版社不愿承担出版《资本论》的风险，郭沫若未能实现自己的抱负。但是，这并没有改变他翻译马列著作的热情和决心。在险象环生、颠沛流离的生活中，郭沫若在20世纪30年代陆续翻译完成了《政治经济学批判》、《德意志意识形态》第一章以及《神圣家族》的部分章节，对传播唯物史观和唯物辩证法起了重要作用。

在中国，第一个翻译《资本论》的人是陈启修。

陈启修早年留学日本期间，受李大钊的影响，开始接触马克思主义书籍。1919年，陈启修受聘于北京大学，主讲《马克思主义经济学概论》，后担任北大马克思主义研究会学习《资本论》的指导教师。1925年春，陈启修加入中国共产党。1927年大革命失败后，他流亡日本，易名陈豹隐，潜心研究马列主义经济学，开始根据德文版并参照日本学者河上肇的日文译本翻译《资本论》。

1930年3月，陈启修译的《资本论》第一卷第一分册由上海

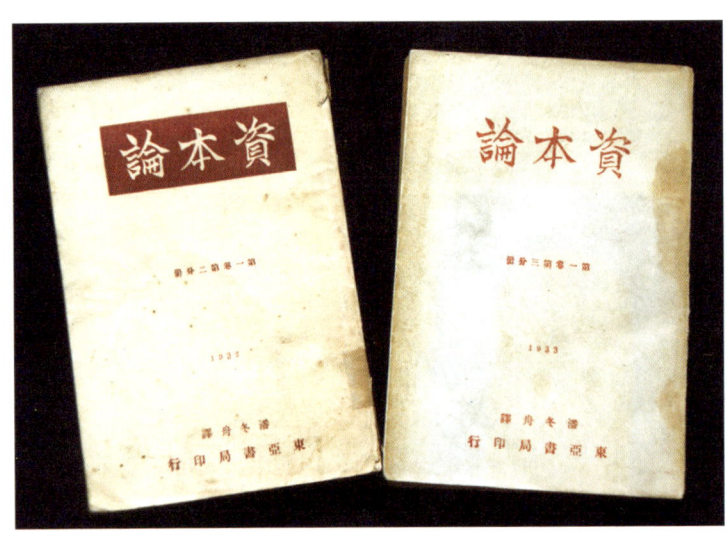

潘冬舟译的《资本论》第一卷第二、三分册

昆仑书店出版,成为我国最早的中文译本。陈启修原计划分十册出版,但在当时艰难的条件下只出版了第一分册。

早年就加入中国共产党,并曾留学苏联的潘冬舟见《资本论》出了第一分册没了下文,便决定接着陈启修的工作继续翻译。精通六国语言的潘冬舟翻译速度很快,先后译出《资本论》第一卷的第二、三、四篇,分为两册,于1932年和1933年由北平东亚书店出版。不幸的是,1934年底由于叛徒出卖,潘冬舟被捕,1935年牺牲。《资本论》的翻译再次中断。

这里是位于北京东城区南河沿大街111号的欧美同学会,《资本论》第一卷的第一个中文全译本就诞生在这里。它的译者是侯外庐和王思华。

1924年,侯外庐结识了李大钊,经常得到他的关怀和教诲。李大钊多次同这个年轻人谈起《资本论》,为中国尚无一部较为完整的译本而感到遗憾,这个遗憾也深深地触动了侯外庐。

1927年春,正在哈尔滨等待法国签证的侯外庐得知李大钊遇害的噩耗,悲愤之余,立誓要译出《资本论》,以祭英灵。到

侯外庐照片

王思华照片

达巴黎后,侯外庐把大部分精力都放在了学习德文和翻译《资本论》上。他每天工作十几个小时,除了上图书馆,几乎足不出户。身处巴黎这座文化荟萃之都长达三年,他竟然从未去过卢浮宫、凡尔赛等名胜,就连埃菲尔铁塔也只是远望,无暇登临。就这样,他边学边译,过程十分艰辛,终于在1930年回国前译完了第一卷的二十章。

回到祖国后,侯外庐结识了当时执教于中法大学的王思华。王思华和侯外庐一样,也有一段受李大钊思想启蒙的经历。由于有着共同的信仰和对《资本论》的研究基础,两人很快结成志同道合的朋友。他们相约合作,决定从头翻译《资本论》。

那个时候,王思华还是单身汉,就住在欧美同学会。1932年的整个夏天,侯外庐每天一早起来,就到王思华的宿舍去"上班"。他们的工作效率很高,进展速度也相当快。

1932年9月,他们就翻译完成了《资本论》第一卷的上册,1936年6月,他们以"世界名著译丛"的名义出版了《资本论》第一卷上、中、下册的合译本。

**【采访】侯且岸（北京行政学院教授、侯外庐之孙）**

那么也正像他（侯外庐）所说的,《资本论》的翻译奠定了理论基础,使他用马克思主义的这种观点和方法,来研究中国的历史问题和中国的现实问题,给他提供了非常重要的一个帮助。

1934年,商务印书馆出版了《资本论》第一卷第一分册的另一个译本,译校者是吴半农和千家驹。本来,商务印书馆计划将这部著作的三卷全部推出,但由于国民党当局的压制,这个计划未能实现。

在美丽的杭州西子湖畔,有一个被当地人称之为大佛寺的遗迹。《资本论》翻译史上的著名的大佛寺计划,就是在这里诞

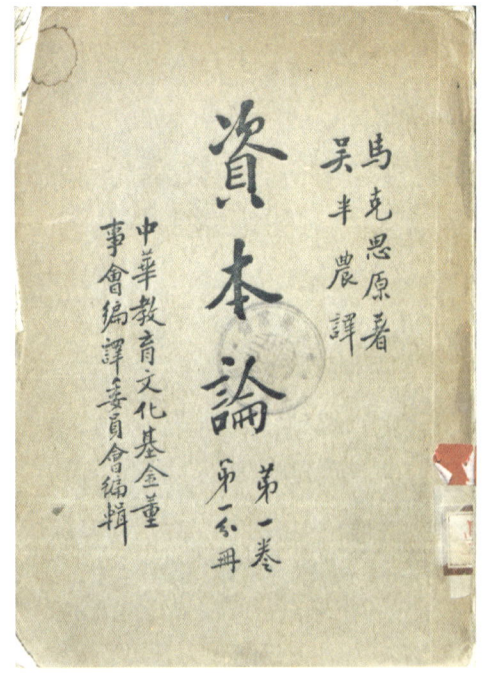

吴半农译的《资本论》第一卷第一分册

生的。

郭大力，江西南康人，1927年，受到了革命思想影响的郭大力从上海大夏大学毕业后，留在一所中学教书。半年后，因为他有向学生进行"赤化宣传"的嫌疑被解聘。

【采访】郭宝璘（中共中央党校教授、郭大力之女）

大革命失败以后，国民党实行白色恐怖，大量的革命青年和共产党人被杀害。所以他对反动派痛恶至极，他就下决心，要为革命事业做一些力所能及的事情，当时他认为，中国需要有马克思主义的理论来武装。可是呢，当时中国虽然有不少《资本论》的各种译本，可是没有一部把《资本论》第一卷翻完，只是有少部分，所以他就下决心，要把《资本论》的一至三卷，包括《资本论》的第四卷，把它全部翻译成中文。

1928年1月，郭大力离开上海来到杭州，选择了既僻静、房租又便宜的大佛寺住下来，开始翻译《资本论》。这时，一个叫王亚南的年轻人也来到这里。王亚南大学毕业后曾投身北伐，大革命失败后，离开北伐军，重新寻求革命真理。在杭州大佛寺，王亚南结识了郭大力，两位萍水相逢的青年一见如故，志趣契合，成为知己，准备共同翻译《资本论》。

不久，郭大力和王亚南先后离开了大佛寺，但他们的计划仍在一步步实施。1936年，受读书生活出版社的委托，他们重新开始《资本论》的翻译工作。为了使译文更加缜密，他们常常在一起讨论，力求使译文更合原意。

在那个动荡的年代，两人几经辗转，分头按计划翻译《资本

郭大力照片

王亚南照片

论》。他们遭受过反动势力的压迫，忍受过贫困和疾病的折磨，承受过整卷译稿在日寇炮火中被焚毁的灾祸，但是，他们没有动摇，没有彷徨，而是以百折不挠、锲而不舍的顽强精神，最终于1938年完成了《资本论》全部三卷的翻译工作，交付上海读书生活出版社。

1938年，日军包围上海，上海沦为孤岛，条件十分艰苦。读书生活出版社的负责人郑易里只能为郭大力安排一个简陋、昏暗的小屋。就在这个只有一张行军床、一张桌子和一把椅子的斗室里，郭大力夜以继日地校订他和王亚南花费多年的心血翻译出来的译稿。郭大力和出版社的十几个人齐心协力，只用了不到半年的时间，就出齐了《资本论》全部三卷中文本。1938年8月至9月，这部巨著终于第一次以完整的面貌出现在中国读者面前。

**【采访】王洛林**（中国社会科学院原常务副院长、王亚南之子）

他们两位在翻译《资本论》的时候，都不是共产党员，也很少参加革命实践活动，但是在翻译《资本论》的过程中间，他们的世界观也受到了马克思、恩格斯著作的潜移默化的影响，也是在翻译过程中间以及印完了《资本论》以后，他们和地下党的接触就越来越多了，比方说1938年，王亚南先生在武汉去拜访八路军办事处的董必武同志。董必武同志对他说，你们翻译这个书很好，我们都没有时间搞这些工作，你们翻译也可以说和我们是一种分工。

新中国成立以后，中共中央编译局对《资本论》进行了多次修订和重新译校。1960—1974年，中共中央编译局根据《马克思恩格斯全集》德文版重新译校《资本论》三卷，后被收入《马克思恩格斯全集》中文第一版第23—25卷；20世纪90年代，中共中央编译局再次对第一版译文进行修订，于2003年推出《资本论》最新译本，后被收入《马克思恩格斯全集》中文第二版第44—46卷和《马克思恩格斯文集》第5—7卷当中。

从1930年陈启修最初译本的问世，到2003年最新译本的出版，《资本论》这部科学巨著在中国的翻译和出版历经70多年的漫长岁月。这个宏伟工程以其深远的意义、巨大的魅力和无与伦比的挑战性吸引了中国一大批最优秀的学者为之呕心沥血、贡献智慧。正是他们以坚定不移的信念、百折不回的毅力、渊博深厚的学识和一丝不苟的精神，把马克思的这一经典著作翻译、传送到中国人民手中，谱写了一曲马克思主义中国传播史的动人篇章！

当人们回首这段艰难岁月时，不禁会思考，这些柔弱的知识

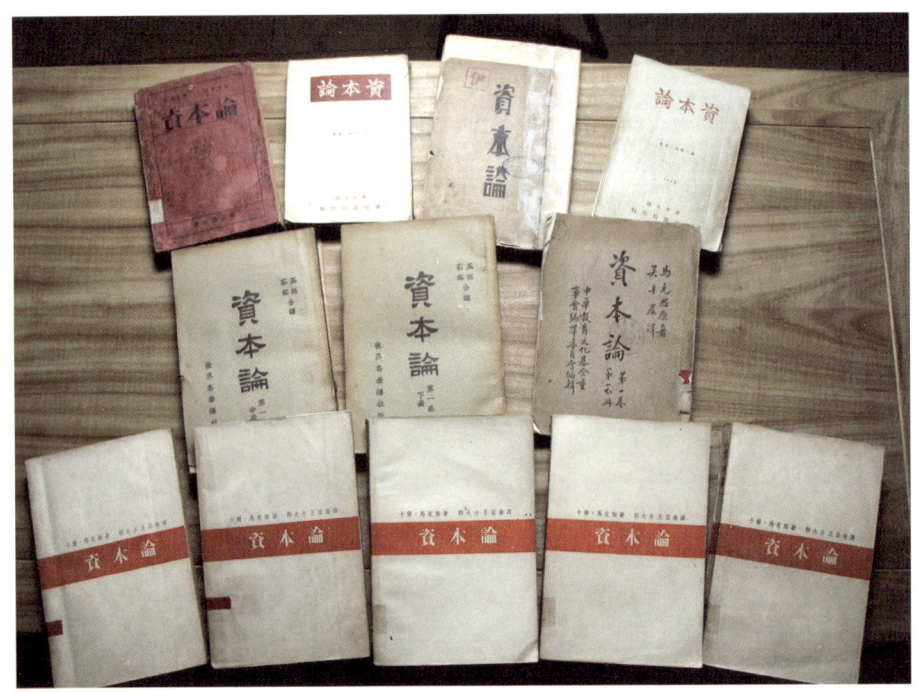

《资本论》各种版本

分子为何可以义无反顾地信仰、坚守和传播马克思主义呢？除了要拯救中国于水深火热之中的崇高理想之外，马克思主义理论本身所具有的巨大"磁场"和强大力量是任何人都难以抗拒的。正是这种思想的力量支撑着一支弱小的队伍从密林深沟走进了黄土高原，走进了延河之滨。从此，马克思主义开始在一片黄土高原上，在一条蜿蜒大河旁，发出耀眼的光辉。

本集撰稿　郭伟伟　姚　颖
本集编导　马　上

# 思想的历程

**第四集 延河之光**

经过了二万五千里长征，中央红军到达陕北，进驻延安。在这里，党中央组建了中国第一个系统翻译马克思主义经典著作的专门机构。马克思主义真理、中国化马克思主义的力量使毛泽东为首的中国共产党人在十余年间扭转乾坤，将古老的华夏大地换了人间！

# 第四集　延河之光

十月的延安秋意正浓。2010年10月21日上午,城北兰家坪胜利广场上人头攒动,气氛热烈。中共中央编译局赴延安马列学院寻根仪式正在这里举行。马列学院曾设立了我党历史上第一个专门编译马列主义经典著作的机构。

延安全貌俯瞰

**【现场同期】衣俊卿（中共中央编译局局长）**

今天中央编译局仍在继续从事这项伟大事业的同志们，都是延安马列学院前辈翻译家和理论家的传人。中央编译局成立后，曾经在马列学院工作的同志到编译局继续参与经典著作的编译工作。他们不仅把在延安时期翻译经典著作的宝贵经验，更重要的是把延安马列学院的精神带到了中央编译局，并得以代代传承，不断发扬光大。所以，从这个意义上说，中央编译局的根就在延安，就在马列学院。

衣俊卿将最新编译出版的《马克思恩格斯文集》和《列宁专题文集》送到延安市领导手中。这两套丛书饱含着新一代编译工作者对当年马列学院前辈的敬仰和缅怀之情，承袭着延安窑洞里那段峥嵘岁月留下的不朽精神。

1935年10月，中央红军长征到达陕北。1937年1月，中共中央进驻延安。从此，这片古老的黄土地成为中国革命的指导中心

2010年中共中央编译局赴延安马列学院旧址寻根仪式

延安马列学院原址

和战略总后方。

中国共产党建立以来,开创了中国革命轰轰烈烈的伟大局面,但也遭遇了严重挫折,特别是左倾教条主义错误给党和红军造成了重大损失。因此,以毛泽东为首的党中央亟需总结革命的经验教训,进一步把马克思主义与中国革命实践结合起来。

之前由于连年征战,以及受反动当局的镇压和查禁,加之马克思主义著作的中译本很少,我党多数同志没有机会系统地学习马克思主义。到延安后,毛泽东号召全党深入学习研究马克思主义,他说:"如果中国有一百个至二百个系统地而不是零碎地,实际地而不是空洞地,学会了马克思主义的同志,那将是等于打倒一个日本帝国主义。同志们,我们一定要学习马克思主义。"

延安,兰家坪。1938年5月5日,马克思诞辰120周年纪念日的当天,"马克思列宁主义学院"成立。

延河岸边土石山上的这排窑洞就是当年的校舍。

马列学院下设两个部,一个是干部培训部,另一个是编译部,专门负责翻译和编辑马列主义著作。

延安时期,毛泽东十分重视马列著作的翻译,他热情鼓励做

张闻天照片

翻译工作的同志,"学个唐三藏及鲁迅,实在是功德无量"。后来他又多次讲到翻译工作的重要性,号召大家做好翻译工作。

马列学院院长由当时的中央领导张闻天担任。张闻天是优秀的马克思主义理论家。1919年,当他还只有19岁的时候,就发表了《社会问题》一文,指明要用马克思唯物史观观察社会,并介绍《共产党宣言》中的"十条纲领"。后来他曾出国学习和工作,1931年从莫斯科学习回国后,长期在党内担任重要职务。

张闻天非常重视马列著作的编译工作,亲自兼任马列学院编译部主任。他在繁忙的工作中,还和吴亮平一起重新译校了他们当年在莫斯科中山大学学习时翻译的《法兰西内战》,用吴黎平和刘云的笔名出版。

编译部一成立,就明确了工作目标:前期集中主要力量编译出版《马恩丛书》10册;后期编译出版《列宁选集》20卷。

当时翻译依据的蓝本主要来自苏联,有俄文、英文、德文、法文、日文等各种版本。编译部汇集了多种外语人才,何锡麟、柯柏年、王实味、景林、赵飞克、王学文、张仲实、陈絜等人是编译部的主要力量。

何锡麟是第一个来到编译部的人。

【采访】何锡麟（中共中央编译局顾问）

当时在延安最困难的、难以解决的问题是翻译参考资料、参考书等等，这个非常之难。就拿我来讲，我是从事英文翻译的。这个就除出了一个英汉大辞典，商务印书馆的，比如有些东西，我们翻译马克思恩格斯著作需要查百科全书，英文的，因为中文的已经根本没有了，英文的也找不到。有些译词上的英文式、法文式啦等等，德国式啦，需要参考的，要查的没有。这些方面是我们最困难的地方。

从1938年到1942年间，编译部的同志集中翻译了10部马克思恩格斯的重要著作，统一冠名"马克思恩格斯丛书"。还翻译了《列宁选集》等数十种马列主义经典著作，由延安解放社出版。这些著作满足了党中央大量培养干部的迫切需要，在党内外引起了强烈反响。

中央军委还专门抽调一些懂外文的同志组建了一个编译处，集中翻译马克思主义军事著作。1939年底，焦敏之翻译的《恩格斯军事论文选集》是我国出版的第一本恩格斯的军事论文集，收入到"抗日战争参考丛书"。

此外，延安鲁迅艺术文学院也编译了《马克思恩格斯列宁论艺术》等马克思主义文艺理论著作。

当时延安的马列著作统一由延安解放社出版。解放社是抗日战争时期中共中央在延安创立的出版机构，隶属于中共中央发行部，后改名为中共中央出版发行部。

解放社版"马克思恩格斯丛书"

**【采访】刘妮（延安新闻纪念馆馆长）**

当年中央印刷厂除了承担党中央的机关报刊的印刷外，它最重要的任务是承担马列著作的印刷，当年工人们的工作条件和生活条件非常艰苦，每人每天只能吃到一斤多小米，四钱油，几钱盐。为了赶制任务，同志们还主动牺牲了自己的星期天，每天还要加班一到两小时。

被誉为"延安五老"之一的谢觉哉曾为中央印刷厂题词："马兰纸虽粗，印出马列篇。清凉万佛洞，印刷很安全。"

解放区出版的马列著作及党报党刊的样本和纸型通过地下交通等途径运往西安、重庆、桂林和香港等地，并在当地翻印。解放社出版的图书，不仅供应陕甘宁边区和其他各根据地，还冲破国民党的层层封锁，秘密销往国民党统治区，甚至远销到国外。

中央印刷厂旧址

　　这座以罗马式建筑风格为主的教堂看似普通,却因其在历史上召开过一次党的重要会议而变得不平常。

　　1938年9月29日至11月6日,党的扩大的六届六中全会在这里召开。会上,毛泽东正式提出了马克思主义中国化的伟大历史任务。

　　早在1930年5月,毛泽东为反对当时革命队伍里存在的教条主义思想,写作了《反对本本主义》,提出要把马列主义普遍原理同中国革命具体实际相结合。

　　到延安后,毛泽东带头研究中国问题,实践马克思主义中国化。1937年,他在延安凤凰山麓写作了传世名篇《实践论》、《矛盾论》。

　　这两部哲学著作,继承和发展了马克思主义认识论和辩证法的根本原理,为中国共产党规定了正确的思想路线和工作方法,为认识世界和改造世界提供了锐利的思想武器。

　　1938年,毛泽东在延安窑洞中写作了《论持久战》,科学地

中国共产党扩大的六届六中全会全体与会人员合影

《实践论》和《矛盾论》

揭示了抗日战争发展的规律,阐明了持久战的总方针,澄清了当时党内外在抗战问题上存在的疑虑与混乱思想,坚定了全国人民夺取抗战胜利的信心。《论持久战》一经问世,便在国内外产生了巨大影响。同时毛泽东还写作了《中国革命战争的战略问题》、《战争和战略问题》、《抗日游击战争的战略问题》等军事名篇,这些著作是运用马克思主义的辩证唯物主义和历史唯物主义从具体

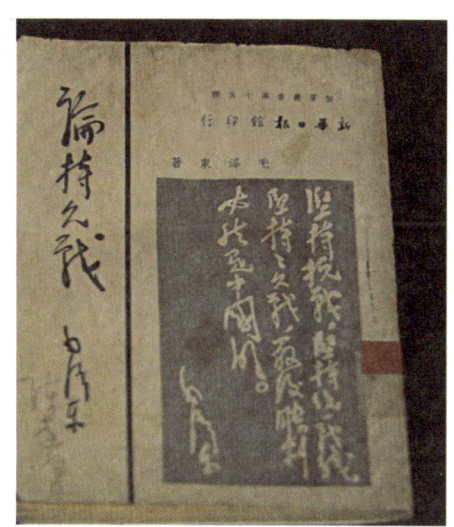

《论持久战》

毛泽东在延安窑洞撰写《论持久战》

《新民主主义论》

情况出发解决战争问题的光辉典范。

杨家岭，毛泽东旧居就位于中央办公厅楼旁边的山坡上。1938年到1943年，毛泽东在此居住期间，写作了大量理论著作，后来他回忆说：那个时候，我是个高产作家，是教条主义逼出来的。

在《毛泽东选集》中，延安时期写作的文章占一半以上，著名的《新民主主义论》就是在杨家岭完成的。

《新民主主义论》明确阐述了中国共产党的政治主张，深刻分析了中国的历史特点和时代变化，指明了中国革命的历史进程，阐明了新民主主义革命的时代特点和基本特征，制定了新民主主义革命的政治、经济和文化纲领。

【采访】杨胜群（中共中央文献研究室常务副主任）

这些著作，从政治、经济、军事、文化、统一战线和党的建设等各方面系统地总结了中国革命的经验，对中国革命的一系列根本性的问题作了深入全面的阐述，作了一些正确的思想论断，那么这样的一些著作问世，使毛泽东思想形成了一个系统的完整的科学的思想理论体系。

《实践论》、《矛盾论》、《新民主主义论》这三部著作，标志着中国共产党人在马克思主义与中国革命具体实践相结合方面已经取得了重大成果。

毛泽东曾对延安中央党校的学员说：延安的土窑洞里有马克思主义，能指挥全国革命，延安的窑洞是最革命的。

1941年5月，毛泽东在延安干部会上作了《改造我们的学习》的整风动员报告。

从第二年春天起，无论是在延安，还是其他根据地，全党范围内的整风运动普遍开展起来。整个运动历时三年，主要是整顿学风、党风和文风，这是中国共产党进行马克思主义教育的伟大创举。毛泽东亲自主持整风运动，作了《整顿党的作风》、《反对党八股》等多场讲演报告。

延安整风运动，提高了党员的马列主义理论水平，全党达到空前的团结和统一，为夺取抗日战争和民主革命的胜利奠定了思想基础。

在整风动员报告《改造我们的学习》中，毛泽东大力倡导实事求是的科学态度，对实事求是作了完整科学的阐释，为这一中国古语赋予了马克思主义的新内涵。

《改造我们的学习》

"延安的城门成天开着,每天有从各个方向走来的青年,背着行李,燃烧着希望,走进这城门。学习、歌唱。过着紧张的快活的日子。在青年们的嘴里、耳里、想象里、回忆里,延安像一支崇高的名曲的开端,响着洪亮的动人的音调。"

这是1938年11月16日夜里,著名诗人何其芳在《我歌唱延安》中饱含深情地写下的延安印象。

抗战时期,延安成为全国进步青年热烈向往的地方,大量青年从四面八方涌向这里。

抗战期间的延安简直就是一座大学城,宝塔山下、延河之滨,党中央创办了中国人民抗日军政大学、陕北公学、鲁迅艺术学院、自然科学院、中央党校等30多所学校。这些"窑洞大学"

延安中国抗日军政大学校门

培养了一大批杰出的中华儿女。

【合唱】抗大校歌:"黄河之滨,集合着一群,中华民族优秀的子孙。人类解放,救国的责任,全靠我们自己来担承……"

仅抗日军政大学及各地分枝,就培养了10多万名党政干部,其中有身经百战、统率千军万马的八路军、新四军将领和各级指挥员,也有深入敌后带领群众开展斗争的各级干部。抗大是革命干部的摇篮,是革命干部学校的典范,为抗日战争和解放战争的胜利作出了卓越贡献。

中央领导同志十分重视大学教育和培训工作,亲自到大学授课或作报告。毛泽东曾为抗大学员讲授《辩证唯物论》,后来出版发行的《实践论》、《矛盾论》,就是他讲课提纲的一部分。毛泽东的讲课风趣生动,深入浅出,往往将深刻的哲学道理和活生生的具体实践结合起来讲,深得学员的欢迎。

艾思奇照片

朱德、周恩来、陈云、李富春,以及从前方回来的八路军副总司令彭德怀等中央领导同志都为大学的学员们讲过课。著名的《论共产党员的修养》就是刘少奇给马列学院学员所作的报告。

中央领导同志还带头学习。毛泽东亲自组织了一个哲学学习小组。那段时间,在杨家岭毛泽东办公的窑洞里,每个星期三的夜晚,毛泽东都和艾思奇、吴亮平等七八个人,围坐在一起,学习哲学著作,探讨有关问题。

在毛泽东的带领和指导下,很多机关都成立了学哲学小组,有的还成立了学习《资本论》小组。

1939年5月,毛泽东在延安在职干部学习动员大会上号召,"要把全党变成一个大学校,全党的同志研究学问,大家都要学到底,就要进这个无期大学"。中央为此专门成立了总学习委员会,毛泽东担任主任。他号召大家要发扬"攻读"的精神,在工作、生产的百忙之中,"挤"时间学习,"钻"进去研究。

为了促进学习,中央干部教育部还拟订了学习计划,建立起学习制度，规定延安的在职干部编班编组，坚持每天学习两个小时。全党的学习竞赛轰轰烈烈地开展起来。

《联共（布）党史简明教程》、《资本论》、艾思奇的《大众哲学》、《思想方法论》、李达的《社会学大纲》、米丁的《辩证唯物论与历史唯物论》等是学习的热门书籍。

中央领导同志学习马列著作的热情很高，有时这些著作刚翻译出译稿，还没送出版社印刷，毛泽东就把译稿要去阅读。陈云、李富春等领导同志也经常提前借阅。

由于马列著作较少，大家就互相传阅。现在还能在那时出版的一些马恩著作的扉页上，看到很多同志的签名。当时大家很注意学习，凡是延安出版的马恩列斯著作可以说无一不读。

设立学习节，是中国共产党的创举。1940年5月5日，马克思诞辰纪念日，中央设立了"学习节"。

延安时期学习场面

《联共(布)党史简明教程》

  早在两个多月前,党中央就发布了《关于在职干部教育的指示》,"决定5月5日马克思生日为学习节"。在此期间各单位要总结全年的学习情况和经验,并给予集体奖励。

  中央对延安的干部学习进行了总结评比,在延安中央机关评选出了9个模范学习小组,朱德被评为学习模范。此后,中央经常检查机关的学习情况,进行督促,开展评比活动。各单位及同志之间还展开了学习竞赛。全党形成了学习马克思主义的热潮。

  重视学习、善于学习是党的优良传统。党的十七届四中全会提出的建设马克思主义学习型政党,是党的优良传统在新时代的延续。

  杨家岭沟口,被称为"飞机楼"的中央办公厅依山耸立,绿树环抱。60多年前的一个初夏,就在一楼这间不大的会议室里,一场文艺座谈会正在召开。

延安文艺座谈会合影

1942年5月23日下午，100多位文艺界代表坐在长条板凳上，静静地聆听着毛泽东讲话。

毛泽东说："我们的文艺必须是为人民大众的，首先是为工农兵的。这个问题不解决，其他许多问题也就不易解决。"他希望文艺工作者积极投入整风运动，克服唯心论、教条主义、空想、空谈、轻视实践、脱离群众等缺点，创作出为人民大众欢迎的优秀作品。

毛泽东的讲话结束时，夜已经很深，"飞机楼"的四周分外宁静，但是会场内却依旧气氛热烈。毛泽东朴素而深刻的讲话深深地触动了与会者的心灵。

座谈会后不久，毛泽东还亲自到鲁艺传达会议精神。

**【采访】于蓝**（中国儿童电影制片厂原厂长、延安鲁艺学员）

那天,他就在我们的篮球场上,毛主席什么也没有放,就是一把椅子上放了一杯水。他就站在那椅子,就是带把的椅子旁边。我站在第一排,这么排下去。所以呢,就看得特别清楚。他那裤子呢,好大的补丁,都是补的裤子,就是感觉到亲切,和我们一样,甚至比我们还朴素呢。而且他那些话吧,都深入浅出,就是大家都听得明白。比如说我们像黔驴,嗷嗷地叫,会叫唤两声。他学驴怎么叫唤,就深入浅出地给我们讲,说你们一定要走出小鲁艺,到大鲁艺中间去。大鲁艺就是人民群众的火热斗争。这句话我一辈子都记得很清楚,永远记在我心里了。

延安文艺座谈会标志着文艺与工农兵群众相结合的新时期的开始。一种为人民大众服务的、来自于民众、为民众所喜闻乐见

《兄妹开荒》的演出剧照

古元创作的版画

的新文艺从此诞生,并深刻影响了中国现代文化的发展进程,开启了马克思主义文艺理论中国化与大众化的新方向。

**【采访】贺敬之(文化部原代部长)**

这个讲话的文本,应该看作是毛泽东文艺思想的一个主要内容的一个系统的表述,正如同毛泽东思想是马克思主义的普遍真理和中国革命的实践相结合的产物一样,毛泽东文艺思想是马克思主义的文艺观和中国的文艺实际相结合的产物。我个人觉得,这篇讲话应该作为革命的,社会主义的宏观文艺学的一个奠基之作。

马克思主义理论一旦被人民群众所掌握,就变成强大的物质力量。正是靠着这种力量,中国共产党才领导人民取得了革命的胜利。

党的七大是党在新民主主义革命时期召开的极其重要的一次代表大会。坐落在杨家岭的中央大礼堂,是专门为召开党的七大而修建的。

党的七大代表共有755名,其中有一些人是历经艰险、冒着枪林弹雨才到达延安的。抗战即将取得胜利,今后中国革命将向何处去?在这种形势下召开党的七大具有特别重要的意义。

1945年4月23日至6月11日,中国共产党第七次全国代表大会召开,会上,刘少奇作了《关于修改党章的报告》,对毛泽东思想的产生、发展及其理论内容作了全面阐述。确立毛泽东思想为党的指导思想并写入《党章》,是七大的历史性贡献。党的七大通过的《党章》明确规定:"中国共产党,以马克思列宁主义的理论与中国革命的实践之统一的思想——毛泽东思想,作为自己一切工作的指针。"

中共七大会址

【采访】石仲泉（中共中央党史研究室原副主任）

经过延安整风，从而都认识到了毛泽东的实践和理论是代表了中国共产党的集体智慧的结晶。所以，经过党的七大，从而就认同要把毛泽东确立为我们党的指导思想，因此，《党章》就规定了毛泽东思想是中国共产党的指导思想。以后，中国共产党在毛泽东思想的指引下，不仅夺取了抗日战争的最后胜利，而且夺取了解放战争的胜利，取得了整个新民主主义革命的伟大胜利，建立了新中国。

早在党的七大召开前一年，晋察冀中央分局委托晋察冀日报社社长兼总编辑邓拓主持编选了五卷本《毛泽东选集》，由晋察冀日报社在边区出版。

就在党的七大胜利闭幕后一个月，江苏苏中出版社编印出版了由苏中区党委宣传部长俞铭璜主持编辑的一卷本《毛泽东选集》。此后，各种版本的《毛泽东选集》陆续出版。

就是在这片沟壑纵横的黄土地上，毛泽东思想，作为马克思

邓拓主持编选的五卷本《毛泽东选集》

主义与中国革命实践相结合的第一次历史性飞跃，发出了震撼华夏寰宇的声音。从此，在中国化的马克思主义指导下，在中国共产党的带领下，中国人民更加坚定地"追寻信念，追寻金色的理想！追寻温暖、明媚的春光！追寻光明、火红的太阳！"

　　　　　　　　　　　　　　　　　本集撰稿　李百玲
　　　　　　　　　　　　　　　　　本集编导　申江伟

# 思想的历程

## 第五集 理论宝库

繁华的北京西单,有一处地处闹市却远离喧嚣的大院,这就是中共中央编译局。50卷的《马克思恩格斯全集》、60卷的《列宁全集》,以及其他数千万字的翻译成果,就是从这里走向神州大地的。由此,在世界的东方大国,逐步建立起全球最大的马克思主义理论宝库。

##  第五集　理论宝库

新中国成立后，国家百业待兴，如何建设新中国，是摆在全党和全国人民面前的紧迫任务。在这种情况下，党中央把马克思主义理论建设提上重要日程。

中共中央编译局花园一角

师哲照片

1949年刚进北京城不久,党中央就成立了中央俄文编译局。毛泽东非常重视经典著作翻译工作,他把跟随自己多年的俄文翻译、时任中央书记处政治秘书室主任的师哲派去担任局长。

1949年中央宣传部成立斯大林全集翻译室,毛泽东又让自己的次子毛岸青去做翻译工作。在毛泽东的鼓励和支持下,他的两

毛岸青照片

个儿子毛岸英、毛岸青翻译了许多马列著作。

【采访】毛新宇（军事科学院战争理论和战略研究部副部长、毛岸青之子）

我父亲去世以后，我妈妈亲自派同志到马列编译局，把我父亲翻译的所有书单拿出来，我跟我妈妈很震撼。主要是列宁和斯大林的著作，有三四十部。我父亲翻译的这些著作，影响太深远。

1953年1月29日，毛泽东亲自批示，将中央俄文编译局和中宣部斯大林全集翻译室合并，成立中共中央马恩列斯著作编译局，由党中央直接领导，任务是系统地、有计划地翻译马克思、恩格斯、列宁、斯大林的全部著作。

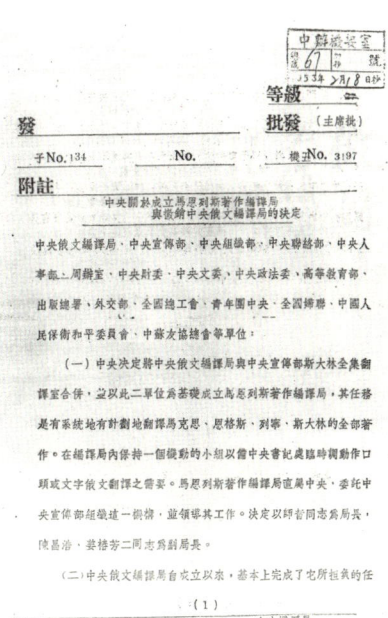

毛泽东批示的成立中央编译局的报告

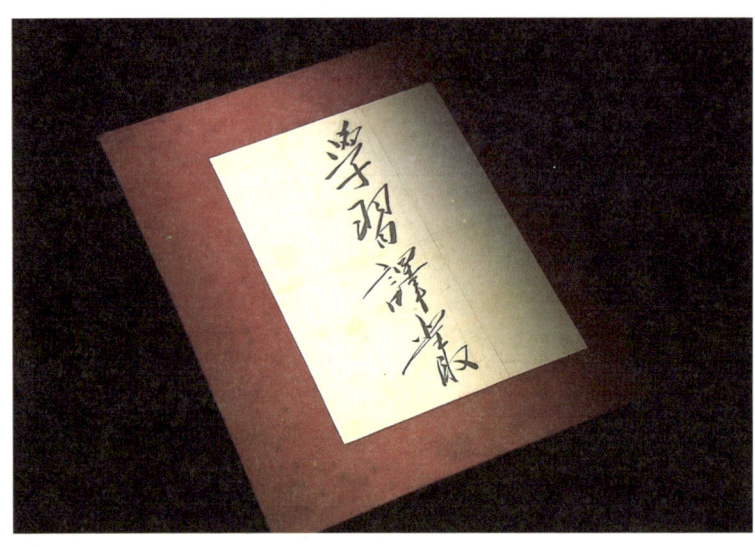

毛泽东为《学习译丛》题写的刊名

毛泽东还专门为中共中央编译局创办的《学习译丛》题写了刊名。他赠送的八千余册俄文图书成为中央编译局图书馆的奠基馆藏。

师哲,中共中央编译局第一任局长。在他主持经典著作的编译工作期间,提出:不懂马克思主义理论,就不能做好马克思主义翻译工作,要翻译与研究并重。这成了中共中央编译局传承至今的优良传统。

担任副局长的陈昌浩是老一辈革命家,留苏期间在苏联外国文书籍出版局翻译了许多马列著作,有着丰富的翻译经验。

副局长还有原中宣部斯大林全集翻译室主任姜椿芳。他是我国著名的翻译家和编辑出版家。他曾经创办了上海俄文专科学校,也就是现在的上海外国语大学。他还是中国现代百科全书事业的奠基人。

当时在中共中央编译局工作的,有具备深厚马克思主义理论功底和翻译经验的老一辈翻译家,也有从各个大学分配来的年轻翻译工作者。

陈昌浩照片

姜椿芳照片

马列著作内容广泛,思想深刻,语言丰富,要将其准确、流畅地翻译成中文,是一件很不容易的事情。

中共中央编译局的青年翻译人员在校学习时间不过两三年,为了尽快提高他们的业务水平以适应工作,中央编译局采取了很

20世纪50年代,中共中央编译局工作人员学习旧照

多措施,制订统一的干部培养计划,邀请各方面的专家举办讲座,帮助翻译人员学理论、学历史、学翻译工作经验,还开办了俄语、德语、英语、法语、拉丁语等语种的培训班。来这里讲课的,都是国内著名的翻译家、理论家,还有科学家,例如贺麟、杨献珍、何思敬、赵忠尧、侯仁之、艾青、冯雪峰、丁玲等。

白天,楼台上,庭院里,水榭旁,书声朗朗;晚上,各个办公室依然灯火通明。那时的中共中央编译局颇像一所大学校。

苏联从1955年开始编辑出版《马克思恩格斯全集》俄文第二版,共出版了50卷。这一版的影响很大、传播甚广,曾被译成多种文字。

一年以后,民主德国马克思恩格斯研究院也开始编辑德文版的《马克思恩格斯全集》。

**【采访】吴达琼**(中共中央编译局资深翻译家)

在听了那么多的专家、学者的报告的启发下,年轻的干部也是很努力地来提高自己的理论水平、外语水平和中文的修养。那个时候可以说,除了白天工作,晚上从星期一到星期五的7点到9点,都是在办公室学习的,有人学习理论,有人学习外语,有人学习其他知识,灯火通明,大家的热情是很高的。所以在这段时间里面,这些年轻干部的成长,应该说是比较快的,也为以后更好地开展马克思列宁主义经典著作的翻译,准备了骨干力量。

中共中央编译局成立后的首要任务是翻译《马克思恩格斯全集》《列宁全集》和《斯大林全集》。

1955年,《马克思恩格斯全集》中文第一版的翻译工作正式启动了。中文版主要依据的是苏联编辑的《马克思恩格斯全集》俄文第二版,同时参考了德文本。

经过翻译人员夜以继日的共同努力,几个月后,人们看到了《马克思恩格斯全集》中文版的第1卷。

**【采访】樊以楠**(中共中央编译局马恩室原副主任、资深翻译家)

经过全体翻译人员的共同努力,在苏联专家图尔钦斯的热情帮助下,1956年9月第1卷已经完成翻译,12月《马恩全集》第1版第1卷便与读者见面了。1966年"文革"前,共翻译了《马恩全集》第一版21卷。

中国的翻译工作，一开始就得到了苏联有关机构的支持与帮助。

【采访】顾锦屏（中共中央编译局原常务副局长）

马克思的思想博大精深，对于我们来说翻译他们的著作困难重重。当年的苏共中央马列主义研究院给了很大的帮助。他们给我们赠送了大量的珍贵的图书资料，还先后派了高水平的苏联专家。这些专家对马列著作非常熟悉，如数家珍，他们解决了我们工作里边提出来的大量的疑难问题。他们还经常举办讲座，帮助我们提高马列主义理论水平。

20世纪50年代，中共中央编译局欢送苏联专家合影

同样是在那一年,《列宁全集》中文第一版也开始翻译出版,它是根据《列宁全集》俄文第四版翻译的。

1956年,中央指示要加快马列著作的翻译工作。为此,中共中央编译局制订了一个五年计划。按照这个计划,《列宁全集》38卷到1962年译完,60年代末出版完毕。这显然不能适应社会主义革命和建设的需要,也不能满足广大干部群众学习马列著作的强烈愿望。

【采访】张慕良(中共中央编译局原列斯室副主任、资深翻译家)

当时就有一些六七十岁的革命前辈,对编译局的局长师哲同志说,他们都是行将入土的人了,如果照这样翻译下去,就看不到我们中国自己出版的《列宁全集》了,那就太遗憾了。在国内大好形势的鼓舞下,从1956年到1958年,编译局先后两次修改计划,最后决定到1959年10月1日,编译出《列宁全集》38卷,向国庆十周年献礼。

为了实现这个目标,中共中央编译局加快了工作进度,经过大家的共同努力,1958年一年之中便出版了9卷,1959年上半年又出版了22卷。终于在国庆十周年之际,将38卷完整的《列宁全集》中文版送到了读者手里,这是一份沉甸甸的、散发着墨香的国庆献礼。全部翻译工作只用了6年时间,这在我国的编译出版史上是空前的创举。

1960年,为纪念列宁诞辰90周年,中共中央编译局以《列宁全集》中文第一版为基础,选编出版了《列宁选集》四卷本,进一步满足了人们求知若渴的需求。

与此同时,《斯大林全集》也在编译出版中,是共和国成立后

《列宁全集》中文第一版

马恩列斯全集中最早出版的一种,从1953开始,至1958年译完出齐,共13卷。

"文化大革命"期间,很多翻译工作者被下放到农村,有些人甚至受到迫害。马列著作的编译工作受到严重冲击,一度陷于

《列宁选集》中文第一版四卷本

《斯大林全集》中文版13卷

停滞状态,甚至连1966年已经编选完成的四卷本《马克思恩格斯选集》也未能发行。

1970年8月下旬,党的九届二中全会在庐山召开。会上毛泽东提出"这几年要特别注意宣传马列"。周恩来抓住这个时

中共中央编译局工作人员在农村劳动的照片

周恩来在"文革"期间的照片

机,决定先从整顿和恢复图书出版入手,挽救当时的危局。在周恩来的亲自领导下,1971年3月15日至7月29日,国务院主持召开了全国出版工作座谈会。4月12日,周恩来接见会议领导小组和文件起草小组成员及少数有关代表,一面听汇报,一面作指示。

【采访】张惠卿(人民出版社原总编)

我们编写了《提纲》逐条向总理解释说明,当我们写到"要搞好毛主席著作和马恩著作的出版"这句话的时候,都不敢把马恩著作放在毛主席著作的前面。总理第一次听到后就马上让我们改过来,让我们把马恩著作放在前面。总理表示:水有源,树有根,毛泽东思想是继承和发展了马克思主义,马克思主义才是根,我们不能忘了根。总理的这个话,给我们留下了很深的印象。

遵照周恩来的指示，中共中央编译局重新编辑并校订的《马克思恩格斯选集》四卷本和《列宁选集》四卷本，在1972年一年内全部出齐；《马克思恩格斯全集》各卷也相继迅速出版。

1974年，《马恩全集》中文第一版出齐了正卷39卷。

从1977年开始，中共中央编译局又对苏联新增补出版的11卷《马克思恩格斯全集》进行了翻译。直至1985年12月，《马克思恩格斯全集》中文第一版50卷终于全部出齐，约3200万字，收入了2000多篇著作，4000多封书信以及400多份文献资料。

三大全集的编译工作是一个集体创造、分工合作的过程，遵守严格的翻译工作程序，许多理论上、翻译上、编译上的重大问题，由集体讨论、反复研究决定。在翻译过程中，译文质量始终被放在第一位。

《列宁选集》中文第二版

《马克思恩格斯全集》中文第一版50卷

三大全集的编译过程中，除了中共中央编译局外，很多单位和专家都作出了重要贡献。中央军委为此成立了专门的翻译部门。军事科学院专家翻译的经典军事著作，构成了三大全集的重要组成部分。

【采访】鲍世修（军事科学院马克思主义军事理论毛泽东军事思想研究所原所长）

抗日战争爆发不久，中央军委就指示军委编译处翻译恩格斯的军事文章。焦敏之、曹汀等参加了这项工作。

全国解放以后，军事科学院在外国军事研究部下专门成立了翻译处，曹汀任处长，有十来个人，集中翻译马克思恩格斯的军事著作。翻译的文章后来被收录到《马恩全集》中文第一版第14卷，和第43卷。

军事科学院照片

此外,中央党校、中国社会科学院、北京大学、南京大学等单位的专家学者也以各种方式参与了翻译工作。同时,还参考了郭沫若、郭大力、王亚南等马克思主义翻译家和贺麟、季羡林等学者过去的译本。

贺麟是我国著名的哲学家,他翻译了大量的黑格尔哲学著作,但也许大家不太了解,他还翻译了马克思的《黑格尔辩证法和哲学一般的批判》,以及马克思的博士论文,分别在1955年和1961年出版。

季羡林精通多国语言。他也翻译了一些马列著作和文章,如恩格斯的《英国工人阶级状况》。

著名学者于光远、曹葆华等人也做了大量马列著作翻译工作。

季羡林曾与曹葆华共同翻译了《马克思论印度》。

除此之外,很多著名学者直接参与了中共中央编译局译本的审校工作。有些译校稿,还送给叶圣陶、吕叔湘、朱文叔、陆志韦、王力等国内著名汉语学者,从语法修辞角度进行加工,使译文更加符合原意,也更传神。

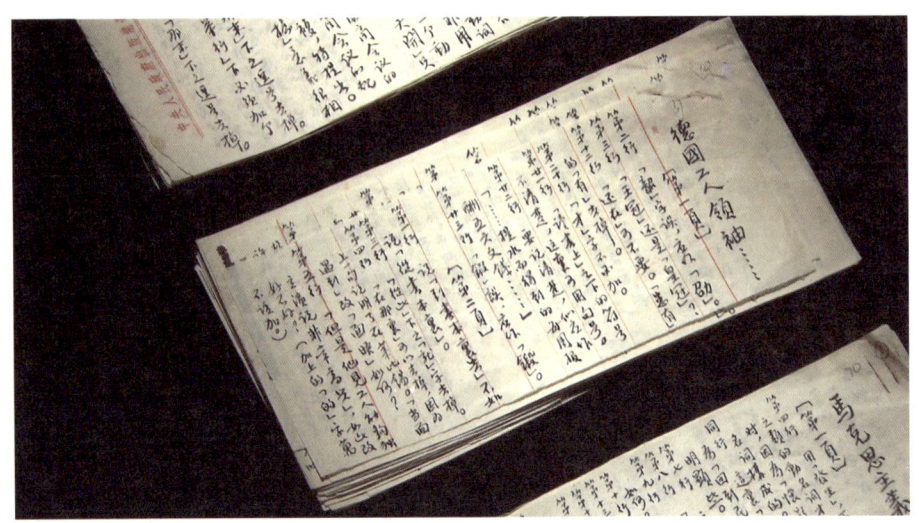

叶圣陶修改的清样

当时叶圣陶是出版总署副署长,他在百忙中对一些重要译文逐字逐句推敲,不但对遣词造句提出意见,甚至连标点符号也不

盲文马列著作

放过。在中共中央编译局的档案里,至今还保存着叶圣陶等人修改的书稿清样。他们的工作给译文增色不少。

由中共中央编译局编译的马恩列斯的各种全集、选集、著作单行本、专题本、汇编本,均由人民出版社出版,以保证其权威性。

中共中央编译局编译的马列著作还被作为蓝本,翻译成少数民族文字和盲文。

中央民族语文翻译局用蒙、藏、维、哈、朝五种民族文字翻译了《马克思恩格斯选集》、《列宁选集》等经典著作。他们翻译的著作都由民族出版社出版。

此外,为满足部分特殊群体学习马列主义著作的需要,盲文出版社出版了盲文版的《共产党宣言》、《反杜林论》等著作。

《马克思恩格斯全集》、《列宁全集》、《斯大林全集》这三大全集的编译出版,耗时三十余载,历尽曲折艰辛。它们是党中央高度重视的结果,是几代翻译工作者呕心沥血、默默耕耘、无私奉

毛泽东赠中央编译局图书

献的心血结晶。三大全集共一百余卷，几千万字，为我们党的理论创新和革命建设事业提供了源源不竭的思想资源和理论基础。

【采访】宋书声（中共中央编译局原局长）

三部全集是马克思主义的百科全书，也可以说三部全集是人类先进知识的珍贵宝库。三部全集内容十分广泛，十分丰富。它讲述了无产阶级革命和社会主义建设，涵盖了马克思主义的哲学、经济学、科学社会主义三个组成部分。

三部全集的编译出版，对于我国的思想理论建设无疑具有重大的意义。对于从事马克思主义理论研究和教学的专家学者教授来说，要全面地、系统地、完整地掌握马克思主义，就必须不断地深入地阅读这三部全集。对于出版工作来说，三部全集为出版各种马列著作单行本，编选各种专题文集本，编辑各种选集本，提供了可靠的版本基础。

这些是毛泽东转赠给中央编译局的100多册来自于民主德国的精装马列主义图书。它们现在都保存在中央编译局图书馆。

这里还收藏了大量来自国内外机构和个人捐赠的马列主义珍贵文献。

毛泽东有时会从中央编译局图书馆借阅马列著作。刘少奇、朱德等党和国家领导同志也曾亲自到中央编译局借阅图书或观看展览。

【采访】魏海生（中共中央编译局副局长）

正是在中央领导同志的亲切关怀和社会各界的大力支持下，在一代又一代图书馆人的辛勤努力下，中央编译局图书馆现在已经成为世界最大的马克思主义专业图书馆之一。在新的历史时期，中央编译局图书馆正在抓紧实施"马克思主义文献典藏工程"，大力推动文献信息化建设，努力把编译局图书馆建设成为国际上最有影响的、最具权威的马克思主义文献信息中心。

除此之外，国家图书馆，一些大学和地方的图书馆中也收藏有马克思主义著作珍本和文献资料，为全国的马克思主义理论研究和宣传普及工作提供了重要的文献支持。

**【采访】黄枬森（北京大学教授）**

解放以前，马列主义的著作不能公开传播，当时我们在学校里面也读，但是是通过群众私下组织的读书会来传播这些的，我也就是在读书会中，接触了马列著作，也就是在读了这些马列著作以后，思想上开始了变化，但是大批的群众还是没有机会接触的。所以，解放后形势完全改变了，出版物公开地发行了，报纸杂志也公开了，出版的还是很多的，大家的活动也很多。

全国解放以后，学习马列的基本理论、提高思想水平，对于新老干部来说都是非常必要的。新中国成立前夕，毛泽东提出干部要学习12本书，称为"干部必读"。1949年6月至1950年上半年，解放社出版了这套干部必读书，印数达到300万册。

新中国成立后，党中央号召干部群众加强学习马克思主义，尤其是历史唯物主义。恩格斯的《劳动在从猿到人转变过程中的作用》，以及编译出版的《社会发展史》等都是热门书。人们的学习热情十分高涨，到处都在讨论人类的进化和发展的过程，在公共汽车上或在休息的场所，都能听到关于猴子变人的议论。书店里大家争相购买这两本书，真是热烈之极。

新中国成立后，对大学文科教育也进行了改造。

**【采访】黄枬森（北京大学教授）**

北京大学对全体学生进行系统的大规模的马克思列宁主义理论教育，是从1949年的下半年开始的。那个时候，我在做研究生，这个所谓的大课主要内容是两项，一项就是历史唯物主义的一些基本理论，一项就是中国革命的基本道理。课程的内容一个叫作社会发展史，一个叫作中国现代革命史。

20世纪50年代,中国人民大学承担了中国马克思主义思想教育的"母版"职能。在苏联专家的帮助下,开设了马克思主义课程,编写了一系列新教材。

中国人民大学旧校门

**【采访】纪宝成(中国人民大学校长)**

那个时候人民大学有大批的苏联专家,从延安根据地转过来大批的马克思主义的教员,他们辛勤地工作,在人民大学建设了一批新的以马克思主义为指导的学科专业,编写了大批的教材,培训了大批的文科教师。通过进修、函授、夜大学等各种形式培养人才,同时也培养正规学历的毕业生。

人民大学有许多人文社会科学的专业,以马克思主义为指导编写的教材也广泛地发进了全国各地。因此在这个阶段,人民大学为马克思主义在中国的宣传、普及,发挥了极其特殊的、极其重要的这样一个开拓性、奠基性的作用。

中央编译局的翻译工作不仅是将经典作家的著作从外国语言转换为中国语言，还承担着将中国化的马克思主义翻译成外文的重要任务。

《毛泽东选集》俄文版

新中国成立之初，中央就成立了《毛泽东选集》翻译委员会。20世纪60年代初，中央决定在中央编译局设立毛泽东著作翻译室，后改为中央文献翻译部，专门负责党和国家领导人著作以及党和国家重要文献外文版的翻译工作。

【采访】林利（中共中央编译局原哲学室主任）

毛泽东的著作我们也要把它翻译成俄文，当时由谁翻译呢，就是我们编译局的局长师哲，还有一个苏联使馆的顾问叫费德林格，这两个人，要他们两个人翻。

1950年成立的《毛泽东选集》英译本委员会，由徐永煐负责。钱钟书一开始就是重要成员，负责英文翻译、审稿、定稿工作。钱钟书的英文造诣堪比国学功底。当英国劳伦斯出版社的工作人员拿到第一卷译稿后，惊叹道："译者完全能驾驭英吉利语文和风格。"

《毛泽东选集》英文版

当时参加翻译和审订的还有金岳霖、王佐良、郑儒箴、浦寿昌等著名学者和翻译家。当《毛泽东选集》英译本的二、三卷陆续寄到伦敦后，英国的出版者几乎未作改动就出版了。

参加《毛泽东选集》翻译工作的不仅有国内著名翻译家，还有外国友人爱德乐、柯弗兰、爱泼斯坦、马尼娅、川越敏孝等。他们为《毛泽东选集》的中译外工作作出了宝贵贡献。

**【采访】尹承东**（中共中央编译局原副局长）

中译外也就是把中国领导人的著作和中央文献翻译成各种外文版本，这是翻译界的一项极其重要的工作。毛泽东著作的翻译，是我国中译外事业的核心。这项工作中央当时非常非常重视，所以来参加这项翻译工作的都是全国翻译界的精英。过了这么多年，至今还很少有人能够从《毛泽东选集》当中挑出翻译错误。毛选翻译工作是一项非常光荣的工作，但是也是一项非常艰巨的工作。像《矛盾论》《实践论》等一些主席的论点非常难翻译，但参加翻译的这些同志，尽管是工作十分艰苦，他们都感到十分的光荣。

《毛泽东选集》先后被译成30多种语种，约印行两亿册。毛泽东著作的对外传播，是近现代史上中国人的思想向世界传播规模最大的一次。

改革开放后，党和国家重要领导人周恩来、刘少奇、朱德、邓小平、陈云、江泽民、胡锦涛的著作和文章也陆续翻译成英文、法文、俄文、西班牙文、日文等外文版本向世界传播。

在2009年10月第61届德国法兰克福书展上，由中共中央编译局翻译的江泽民的两部学术著作的英文版举行了全球首发式。中国是本届法兰克福书展的主宾国，国家副主席习近平在书展开幕式上发表了致辞。

他指出："人类社会的发展过程，就是各种文明不断交流、融合、创新的过程。人类历史上各种不同文明都以各自的独特方式为人类进步作出了重要贡献。正是不同文化的彼此交流，才使我们这个星球的生活日益精彩纷呈、充满生机活力。

我们应该积极维护文明多样性，推动不同文明对话交流，相互借鉴而不是相互排斥，让世界更加丰富多彩。我们在坚持民族优秀传统文化基础上，将一如既往地兼收并蓄，博采世界各种文明之长，借鉴各国有益文化，进一步丰富中国人民的精神世界。"

周恩来、刘少奇、朱德、邓小平著作的各种外文版

江泽民《论中国信息技术产业发展》和《中国能源问题研究》两部著作的英文版

人类文明源远流长，真理之路永无止境，马克思主义经典著作的编译事业也是一个精益求精、不断完善的进程。伟大的时代呼唤着伟大的理论创新，伟大的理论创新需要更为丰富的编译成果。中国的发展经历了曲折探索，终于驶入了推动中华民族伟大复兴的快车道，马克思主义经典著作编译事业也迎来了一个新的春天。

本集撰稿　李百玲

本集编导　杜娟娟

# 思想的历程

## 第六集 思想春天

改革开放的新时代，中华民族迎来了思想解放的春天。在人民的物质生活日益富足，精神文化日益丰富多彩的时代，始终有一群人"万花丛中过，片叶不沾身"，心无旁骛地把自己所有的精力和热情都倾注到马克思主义建设的伟大事业，为中国化马克思主义理论创新提供着思想资源。他们就是中国马克思主义经典著作编译事业的传人。

 第六集　思想春天

中共中央党校位于北京市海淀区大有庄100号,与风景秀丽的颐和园相邻。中央党校主办的《理论动态》编辑室就在这里。23年前,这本内部刊物登载的一篇文章,引发了一场对中国未来走向产生深远影响的大讨论。这篇文章就是《实践是检验真理的唯一标准》。随后,《光明日报》将这篇文章作为本报特约评论员

中共中央党校大门

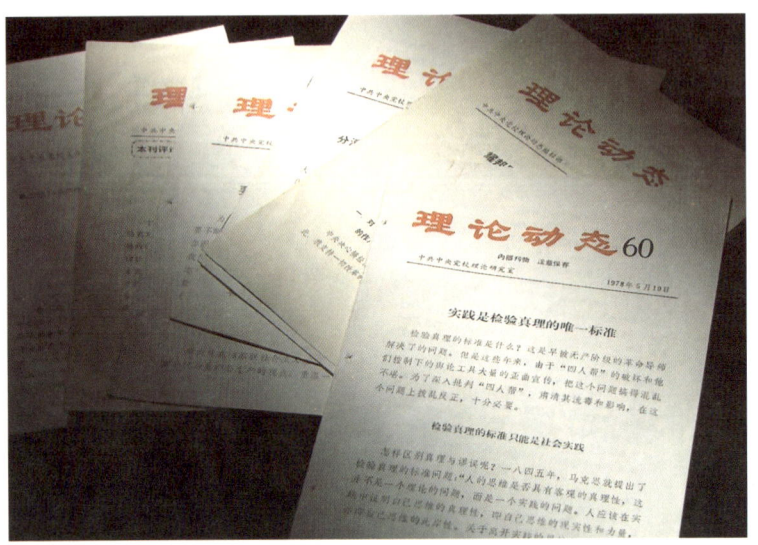

中共中央党校《理论动态》刊载的《实践是检验真理的唯一标准》

《光明日报》刊载的《实践是检验真理的唯一标准》

文章公开发表。

关于实践是检验真理的唯一标准问题的讨论,对于促进全党和全国人民解放思想,坚持实事求是的思想路线,具有深远的历

邓小平同志在党的十一届三中全会上讲话

史意义。

1978年12月18日,党的十一届三中全会召开,这次会议,实现了新中国成立以来我们党历史上具有深远意义的伟大转折,开启了我国改革开放历史新时期。从此,党领导全国各族人民在新的历史条件下开始了新的伟大革命。

1977年冬天,中国恢复了中断十余年之久的高考。这是共

全国科学大会现场

和国历史上唯一的一次冬季高考,积聚了太多的希望,太多的渴求。500多万考生涌进考场,年龄从十五六岁到三十几岁,青年人满怀希冀,迎接新时代的到来。

　　1978年3月18日,北京的天气乍暖还寒,人民大会堂里却洋溢着热烈的气氛,第一届全国科学大会在这里召开,来自科学战线的近6000名代表参加了这次盛会。邓小平在讲话中明确指出:四个现代化,关键是科学技术的现代化,现代科学技术的发展,使科学与生产的关系越来越密切了。科学技术作为生产力,越来越显示出巨大的作用。86岁高龄的中科院院长郭沫若在闭幕式上发表了热情洋溢的书面讲话,他向世界宣告:"中华民族历史上最灿烂的科学的春天到来了!"

　　社会科学也迎来了发展的春天。1977年,中央决定,将原来隶属于中国科学院的哲学与社会科学部独立出来,组建了中国社会科学院,它成为中国哲学社会科学研究的最高学术机构和综合研究中心。

　　改革开放30多年来,各省区市先后建立了40多个专门的社

中国社会科学院

《马列著作选读》

科研究机构,它们在中国改革开放和现代化建设的理论探索和政策研究方面,在研究和宣传马克思主义方面,发挥了重要作用。

1978年的冬天,安徽省凤阳县小岗村的20位农民冒着极大风险在土地承包责任书上按下手印,这一"按"开启了中国农村改革的序幕。

1982年1月,中共中央明确指出包产到户、包干到户都是社会主义生产责任制。

新时期里,中国对马克思主义的探索也进入了一个新阶段。

在1985年9月党的全国代表会议上,邓小平提出,新老干部都要学习马克思主义理论,要针对新的实际,掌握马克思主义基本理论。中共中央宣传部组织北京地区近百位理论工作者选编了一套四卷本的《马列著作选读》,共125万字,供广大干部、理论工作者和高等院校师生学习研究使用。

【采访】宋书声(中共中央编译局原局长)

改革开放以后,中国社会发生了巨大的变化,需要从理论上进行指导。为此,编译出版了大量的专题文集。例如,20世纪70年代末到80年代初,编译出版了《列宁论苏维埃俄国的经济建设》、《马克思恩格斯列宁斯大林论科学技术》、《马克思恩格斯列宁斯大林毛泽东关于农业若干问题的部分论述》、《马克思恩格斯列宁斯大林论合作社》等专题文集。

在大量专题文集出版的同时,按照中央的一贯要求,系统全面地翻译马克思主义的经典著作也进入一个新的繁荣时期。

20世纪60年代初,《列宁全集》中文第一版全部出齐,共39卷。1977—1990年,中央编译局以《列宁文集》俄文版为基础,陆续编译出版了《列宁文稿》共17卷,这为编译《列宁全集》中文第二版作了充分准备。

《列宁文稿》17卷

1982年5月,党中央决定编译《列宁全集》中文第二版。《列宁全集》中文第二版不是简单地依据俄文版翻译过来,而是在进行了大量校订、勘误和增删的基础上自行编辑的。这一版充分反映了列宁的思想遗产全貌,新增加的文献大部分是列宁在十月革命以后写的,涉及社会主义时期各方面内容。

【采访】何宏江(中共中央编译局原列斯室副主任、资深翻译家)

我们剖析了苏联先后出版的5个版本的《列宁全集》,对《列宁全集》所涉及的人名、地名、报刊名、组织机构名都作了调查并统一了译法,例如人名一直查到化名、笔名、绰号,仅列宁一个人使用过的笔名就有148个之多,这些成果都反映到了全集当中。

在中央编译局马列部的资料室里,密密麻麻的,全是翻译经典著作的各种卡片。翻译《列宁全集》中文第二版时,为规范和

《列宁著作资料汇编》

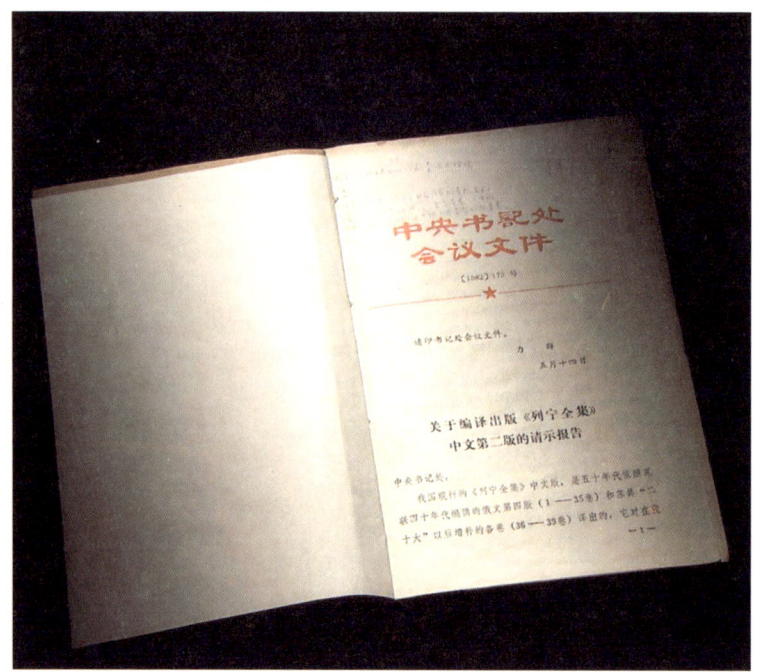

中央书记处《关于编译出版〈列宁全集〉中文第二版的请示报告》的批示

统一译名制作的卡片就多达20万张。翻译人员还考证了列宁著作中出现的两万多个专有名词、引用过的各种历史和文学典故，编写出版了140多万字的《列宁著作资料汇编》和约50万字的《列宁著作典故》。

《列宁全集》中文第二版共60卷，篇幅较上一版增加近一倍，收载的列宁文献近万件，是目前世界上收载列宁文献最多的版本。《列宁全集》中文第二版，从着手准备，到进行校译、开始出版，再到全部出齐，历时15年之久。如果再加上1996年完成的3卷索引和1卷补遗，则前后长达21年。

【采访】李洙泗(中共中央编译局当代所原所长、资深翻译家)

在这期间,先后有11位同志在工作岗位上去世。

林基洲,时任中央编译局副局长,负责主持《列宁全集》第二版翻译和编辑工作,从最早的构想、策划,到编译各环节的落实,甚至译文的校订,他都事必躬亲,耗尽了心血。

林基洲照片

**【采访】李洙泗**（中共中央编译局当代所原所长、资深翻译家）

他的工作量是最多的，无人可比。每天都工作到深夜机关关大门的时候才骑着自行车回家。到最后结算稿费的时候，他只拿四卷校订的校订费，他说稿费很有限，我情况比大家都好，我应该少拿一点。在《列宁全集》第二版完成以后不久就积劳成疾，在办公楼突然摔倒，不治身亡，年仅64岁。他的一生虽然没有惊天动地的英雄事迹，但是他的贡献、他的精神、他的品格不愧为默默耕耘、无私奉献、不图名利、无怨无悔的当代马列主义传播编译工作者的杰出代表。

1984年12月，中央在人民大会堂举行《列宁全集》中文第二版的首发庆典。1991年4月26日，在人民大会堂召开了庆祝《列宁全集》中文第二版60卷出版发行座谈会。在座谈会上，党和国家领导人对这部全集给予了高度评价。在建党70周年的讲话中，

《列宁全集》中文第二版首发座谈会

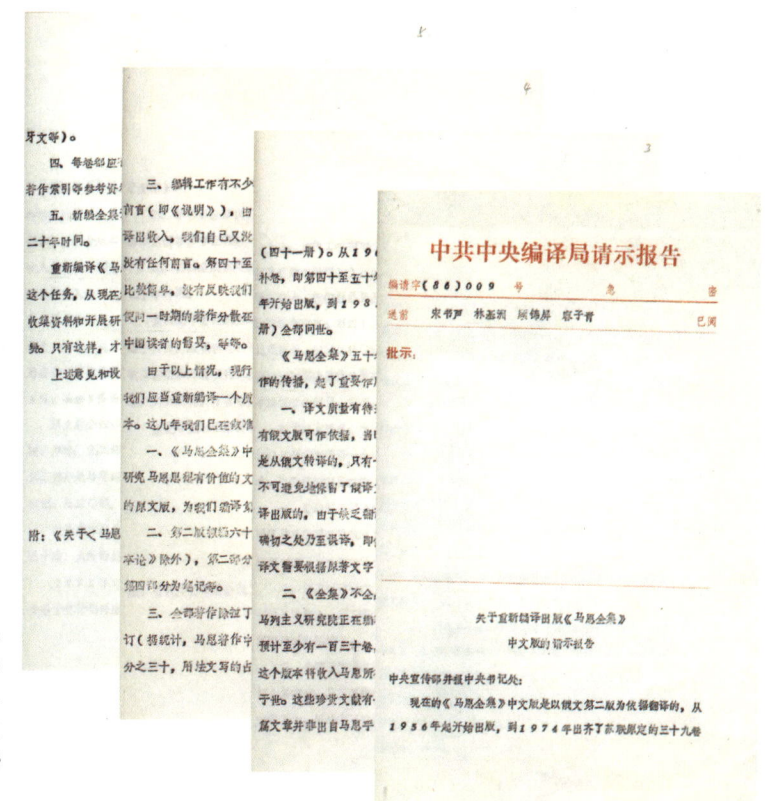

中央书记处《关于重新编译出版〈马恩全集〉中文版的请示报告》的批示

时任中共中央总书记的江泽民同志再次谈到《列宁全集》中文第二版,指出它的出版发行是我国政治生活和党的建设中的大事。

在《列宁全集》中文第二版紧张进行的同时,中央编译局启动了《马克思恩格斯全集》中文第二版的编译工作。

1986年5月,经充分酝酿,中央编译局向中央提交了《关于重新编译出版〈马恩全集〉中文版的请示》,同年7月,中央批复同意。

**【采访】**韦建桦（全国政协常委、中共中央编译局原局长）

在我们中国马克思传播史上，《马克思恩格斯全集》中文第一版是一座重要的里程碑。这个版本主要是从俄文版转译的，由于历史条件的限制，还存在一些不足之处。针对这些问题，中央编译局早在上个世纪80年代中期就准备出版中文第二版，我们希望通过这个新的版本达到收文更齐全，译文更准确，资料更详实，编排更合理这样一个目标。我们所使用的主要是MEGA版，也就是《马克思恩格斯全集》历史考证版。

MEGA即德文Marx-Engels Gesamtausgabe的缩写。MEGA专指《马克思恩格斯全集》历史考证版，出版这一版本是基于两方面原因：一是马克思恩格斯留给世人的文献遗产浩瀚无比，包括大量的专著、论文、时评、演说、手稿、笔记、批注、书信等，需要全面考证；另外，马克思恩格斯是国际活动家和理论家，他们的著作约有65%是用德文写成的，约有30%是用英文写成的，另有5%左右是用法文、意大利文、西班牙文、丹麦文等其他欧洲语言文字撰写的。历史考证版就是依据当年马克思恩格斯写作和发表时所使用的文字的版本进行编辑，并对各种文稿、版本的异同、演变和流传情况进行严谨周密、穷源竟委的历史考证。

MEGA分为两个版本，即20世纪20—30年代出版的$MEGA^1$和70年代后出版的$MEGA^2$。

1920年，苏维埃俄国成立了世界上第一个马克思主义博物馆，后更名为马克思恩格斯研究院。主持编辑$MEGA^1$的就是马克思恩格斯研究院的院长达维德·梁赞诺夫。

俄共（布）中央多次下发决议，要求研究院尽快编辑出版俄

梁赞诺夫照片

文版《马克思恩格斯全集》。按照列宁的指示,梁赞诺夫和他领导下的研究院不惜花费黄金到世界各地去寻找、购买和复制马恩手稿和其他经典文献。

前苏联马克思列宁主义研究院旧址

《马克思恩格斯全集》历史考证版（MEGA¹）

梁赞诺夫意识到，对这些资料的搜集、识别和整理耗时费力，仅仅将他们翻译成俄文出版显然是不够的，如果将他们按照原文出版，意义更大。因此，他认为有必要修改出版计划和编辑方针，在编辑出版《马克思恩格斯全集》俄文版的同时，编辑出版《马克思恩格斯全集》历史考证版，就是我们所说的 MEGA¹。

1927年，MEGA¹ 第1部分第1卷第1分册问世。第二次世界大战期间，MEGA¹ 工作终止。总共出版了14卷，16分册。

MEGA¹ 的出版具有重要的理论意义和社会意义，它首次发表了马克思恩格斯遗著中的许多原始文字，极大地促进了20世纪20年代末的理论讨论。由于历史原因，MEGA¹ 没有按计划完成，在编辑出版方面也留下了一些遗憾。

在经过一段时间的相应准备之后，MEGA² 于1975年启动。新版全集符合完整、忠于原文、反映文本演变的编辑语文学的要求。到1990年为止，一共出版了37卷。

20世纪80年代末90年代初发生苏东剧变，原苏联和民主德国的马列研究院被迫关闭，MEGA² 的编辑工作一度陷入困境。

1990年5月，荷兰皇家科学院阿姆斯特丹国际社会历史研

国际马克思恩格斯基金会

究所、苏共中央社会主义理论和历史研究院、特里尔马克思故居、柏林—勃兰登堡科学院四家联合成立"国际马克思恩格斯基金会",继续推动 MEGA$^2$ 的编辑出版工作。参与这项工作的有德国、俄罗斯、中国、日本等多个国家的学者。

【采访】巴加图利亚(俄罗斯 MEGA$^2$ 工作组成员、著名马克思主义文献专家)

20年前,我们小组从当时的苏共中央马列研究所迁到这个档案馆。我们在几十年的工作中积累了雄厚的实力,所以今天我们这个小团队完成了 MEGA 版很多卷次,每年都有新书面世。

**【采访】大村泉（日本 MEGA² 编委会成员、日本东北大学教授）**

日本 MEGA 编辑委员会成立于1998年，当时主要负责第2部分的第12和13卷，第4部分的16、17、18卷，日本 MEGA 编辑委员会全体人数共约30人。

我国的马恩著作翻译专家也被邀请参加了 MEGA² 的编辑团队，中央编译局原局长韦建桦担任了 MEGA² 国际编辑委员会委员，著名翻译家周亮勋担任了 MEGA² 的学术咨询委员会委员。

2010年秋，韦建桦率团来到柏林，拜访国际马克思恩格斯基金会理事会主席赫尔弗里德·明克勒，理事会副主席、荷兰阿姆斯特丹国际社会历史研究所所长埃里克·扬·措尔歇尔以及基金会秘书长诺伊豪斯等人。

韦建桦与国际马恩基金会领导的合影

【采访】韦建桦(全国政协常委、中共中央编译局原局长)

多年来,我们中国的哲学社会科学界,特别是我们中共中央编译局,一直高度地评价和热情地支持MEGA版的编辑和出版工作。我们同负责这项工程的国际马克思恩格斯基金会签订了正式的协议,目前这个工程正在健康地向前发展,已经出版了58卷,还有56卷的编辑出版工作有待完成,可以说是任重而道远。

【采访】诺伊豪斯(国际马恩基金会秘书长)

MEGA是一个非常有意义的研究和出版项目,可能在世界上是独一无二的。它传播两个伟大的德国思想家流传下来的文献遗产,是对国际学术的一种国际合作,几乎没有能与之相比的项目。它共计114卷,已经有58卷出版。

卡尔·迪茨出版社位于德国柏林,一贯以出版马克思主义的著作著称。1974年,首批MEGA²在此出版。

【采访】罗尔夫·黑克尔（MEGA编辑促进协会主席）

第一，MEGA全面收录了马克思恩格斯的文章；第二，它的语言全是用原著语言来发表的；第三，读者可以从中看到马克思恩格斯的创作过程；第四，它交代了文章产生的动机、历史环境，对历史作了还原。

1986年，开始编辑的《马克思恩格斯全集》中文第二版就是以 MEGA$^2$ 为蓝本编辑的。1995年，首批卷次出版，至今已经出版21卷。目前，中央编译局这项工作仍在顺利推进。

《马克思恩格斯全集》中文第二版

【现场同期】柴方国(中共中央编译局马列部主任)

这是一份校订稿,校订稿里边有几个人在里面作过校订,从初校、定稿到审稿,每个人的笔迹都留在上面。还有一些很困难的问题要请教外国的专家,这就是一份请教外国专家以后的这样一份记录。现在再看一份我们的清样稿,清样稿就是送出版社排印出来的稿子,就是后期的工作稿。后期工作稿的主要工作就是校订校阅清样,要反复地阅读,改掉里面的一些排印错误,还有一些表述上的小的不顺畅的地方。经过30多道工序,工作完成以后,读者就可以看到我们最终编译出来的全集、选集,还有各种专题读本好的本子了。

1928年,苏联出版了马克思恩格斯的《德意志意识形态》一书,1932年,苏联整理出版了马克思的《1844年经济学哲学手稿》,他们填补了马克思恩格斯早期思想研究的空白。

1923年,卢卡奇发表了《历史和阶级意识》,1937年,葛兰西《狱中札记》出版,肇端了西方世界对马克思主义的新探索。

"二战"结束后,西方马克思主义进入了繁荣和鼎盛时期,出现了存在主义马克思主义、法兰克福学派的社会批判理论、结构主义马克思主义等流派。从20世纪70年代至今,又出现了一些当代马克思主义流派。他们全方位地批判了当代资本主义,揭示了发达资本主义政治、经济、社会结构和文化方面的变化,深刻分析其矛盾与困境,丰富和发展了马克思主义研究。

作为活跃在西方思想舞台上的一支重要力量,马克思主义依然有着广泛而深刻的影响。

**【采访】雅克·比岱**（法国巴黎第十大学名誉教授、国际马克思大会主席）

1995年,第一届国际马克思大会在巴黎举行,大会还提出了一种特殊的概念。每届大会都有一个总的主题。例如,首届大会是在1995年,而最近的一届大会是在去年,主题为"危机、反抗、乌托邦"。大会有共同会议议程,还有不同学科的分会。我们努力实现的,是在每一个学科领域进行深入的探讨。同时,作为马克思主义者,我们知道不同学科之间该如何相互作用。因此,我们这里有经济学家,他们同时对哲学和历史也很感兴趣。

今天,马克思主义不仅存在于学术和理论研究中,也存在于人们的现实生活中。

**【采访】宫川彰**（日本首都大学东京教授）

日本的劳动阶层对马克思主义的深层内涵很感兴趣,他们自发进行学习。这种学习小组在日本全国大大小小有很多。当然首都东京也有,而且这有很悠久的历史。大概有四十四五年的历史了,一年也没有中断过,一直持续到现在。

**【采访】赫维希·勒鲁热（比利时马克思研究所所长）**

（比利时马克思）研究所的目的是在比利时传播马克思主义。为此我们发行了一份季刊，刊登马克思主义的有关文章，用马克思主义的观点分析时事；一个图书馆，为学生、研究者等提供世界各地的马克思主义资料；一个培训机构，既有针对比利时劳动党干部成员的培训，也有一年两次面向大众的马克思大学。

160年来，马克思主义从未停止过发展，无论人类历史发生了怎样的风云变幻，它始终是全球思想界难以回避、难以抵挡的强大"磁场"。今天，世界上的进步人士仍然在思考什么是马克思主义，怎么样发展马克思主义，我们中国人通过自己的理论和实践的探索，作出了自己的回答，走出了自己的道路，并且取得了巨大的成就。

**【采访】冷溶（中共中央文献研究室主任）**

20世纪的70年代末、80年代初以来，我们国内外形势发生了很大的变化。小平同志就是在这种实践中，根据这种变化，创造性地发展了马克思主义，提出了很多创见，比如说他提出，改革也是一场革命，科学技术是第一生产力，讲到了一国两制等一系列的新的理论观点。我感觉到最重要的有三个理论，一个就是社会主义初级阶段理论，一个是社会主义市场经济理论，一个是关于社会主义本质的理论。

1997年,党的十五大报告指出,邓小平理论是与马列主义、毛泽东思想一脉相承的科学体系,是当代中国的马克思主义,是马克思主义在中国发展的新阶段。

【视频】时任中共中央总书记的江泽民同志在党的十五大上作报告

高举邓小平理论伟大旗帜,十五大在党章中把邓小平理论确立为党的指导思想,明确规定中国共产党以马克思列宁主义、毛泽东思想、邓小平理论作为自己的行动指南。

从20世纪80年代开始,三卷《邓小平文选》陆续出版。同时,也出版了多种少数民族文字版。据不完全统计,十一届三中全会以来,用蒙、藏、维、哈、朝等民族文字出版的邓小平著作已达100多种。邓小平的著作还被译成英、日、德、法、俄、西

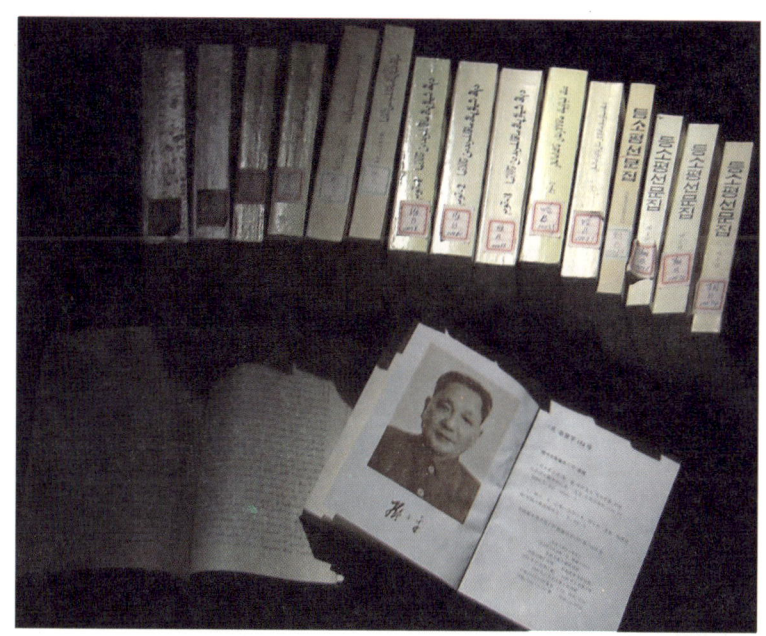

民族文字版的邓小平著作

班牙、阿拉伯、意大利、孟加拉、罗马尼亚、保加利亚、波兰等多种文字,在世界各地发行。

从1976年到1997年的21年里,邓小平8次成为美国《时代周刊》的年度封面人物。

邓小平在70多年的革命生涯里,为中国的革命、建设和改革开放事业作出了不可磨灭的贡献,开启了马克思主义中国化的第二次飞跃,他的名字成为改革开放的中国的标志。

【视频】中共中央总书记胡锦涛同志在邓小平同志诞辰100周年纪念大会上的讲话

今天我们在这里隆重集会,纪念敬爱的邓小平同志诞辰100周年。如果没有邓小平同志,中国人民就不可能有今天的新生活,中国就不可能有今天改革开放的新局面和社会主义现代化的光明前景。中国共产党人和中国各族人民永远怀念邓小平同志,永远敬仰邓小平同志。邓小平同志永远活在我们心中!

改革开放的伟大实践奠定了中华民族伟大复兴的坚实基础,融入经济全球化时代的中国机遇与挑战并存,日益成熟的中国共产党人将以什么样的理论创新成果,掌控复杂的局面,把握战略机遇期呢?

本集撰稿　庄俊举

本集编导　高宏飞

# 思想的历程

**第七集 世纪工程**

在波澜壮阔的20世纪，中华民族经历过血泪、复苏与振兴。站在世纪之交的中华民族向全球展示着无限的活力，让世界见证了发展的奇迹。在融入经济全球化的新征途上，一项项重大的国家工程如同一块块基石，铺就了中华民族走向伟大复兴的通衢大道。这其中有一块重要的基石，那就是马克思主义理论研究和建设工程。那么，这样的理论建设工程是如何开启的呢？它与马克思主义在中国的编译和传播事业又存在怎样的关联呢？

# 第七集　世纪工程

进入21世纪，社会形势发生了深刻的变化。科技进步日新月异，综合国力竞争日益激烈，国际力量的组合和利益分配正在发生新的变化。

随着我国改革开放的深入和社会主义市场经济的发展，社会经济成分、组织形式、就业方式、利益关系和分配方式日趋多样化，我们迎来前所未有的机遇的同时，也面临一系列前所未有的新情况、新问题和新挑战。

2000年初，时任中共中央总书记的江泽民在广东等地考察党建工作时提出了"三个代表"的重要思想。江泽民指出，我们党

2000年初，江泽民视察广东

之所以赢得人民的拥护，是因为我们党在革命、建设、改革的各个历史时期，总是代表着中国先进生产力的发展要求，代表着中国先进文化的前进方向，代表着中国最广大人民的根本利益。

【采访】虞云耀（中共中央党校原常务副校长）

面对新的考验和挑战，提出"三个代表"重要思想，进一步回答了什么是社会主义、怎样建设社会主义，创造性地回答了建设一个什么样的党、怎样建设党这两个根本问题。老祖宗没有丢，又敢于讲新话，坚持与时俱进，对党的性质、宗旨和根本任务，作出了新概括，对在改革开放和长期执政条件下如何建设马克思主义执政党，提出了新要求，把党的建设新的伟大工程，同中国特色社会主义伟大事业紧密结合在一起，向前推进。

2002年11月，中国共产党第十六次代表大会修改了《中国共产党章程》，"三个代表"重要思想被写进了新的党章。

2007年10月，党的十七大召开。举世瞩目的十七大，是一次承前启后，继往开来，高举中国特色社会主义伟大旗帜，为夺取全面建设小康社会新胜利而奋斗的历史盛会。中共中央总书记胡锦涛在大会所作的报告中指出：科学发展观，是对党的三代中央领导集体关于发展的重要思想的继承和发展，是马克思主义关于发展的世界观和方法论的集中体现，是同马克思列宁主义、毛泽东思想、邓小平理论和"三个代表"重要思想既一脉相承又与时俱进的科学理论，是我国经济社会发展的重要指导方针，是发展中国特色社会主义必须坚持和贯彻的重大战略思想。

中国共产党的十七次代表大会审议并一致通过十六届中央委

员会提出的《中国共产党章程(修正案)》,将科学发展观写入党章。

【采访】王伟光(中国社会科学院常务副院长)

科学发展观的提出标志着我们党对社会主义建设规律,对执政党的执政规律,对人类社会发展规律的认识进入了一个新的阶段,也说明了我们党在马克思主义中国化、时代化和大众化方面取得了新的成果。科学发展观是我们党全面推进中国特色社会主义建设的指导思想和根本方针。

2004年1月,中共中央发出《关于进一步繁荣发展哲学社会科学的意见》,提出实施马克思主义理论研究和建设工程。

2004年4月27日,中共中央总书记胡锦涛接见参加马克思主义理论研究和建设工程工作会议的全体代表,指出我们党要带领全国各族人民抓住重要战略机遇期,全面建设小康社会,把改革开放和现代化建设事业继续推向前进,就必须进一步高扬马克思主义的伟大旗帜,用马克思主义中国化的最新成果——邓小平理

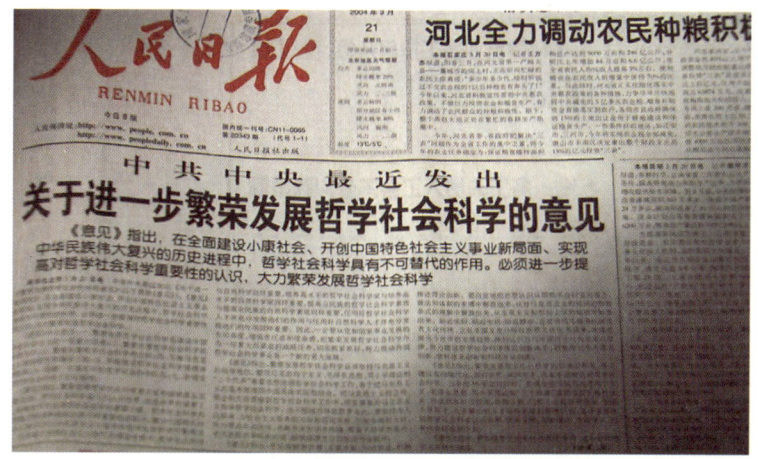

《人民日报》刊登的中共中央《关于进一步繁荣发展哲学社会科学的意见》

论和"三个代表"重要思想武装全党。

【采访】邢贲思（中共中央党校原副校长、《求是》杂志原总编）

这是以胡锦涛同志为总书记的党中央所作出的一项带有全局性的战略意义的一个重大决策。它的目的就是为了要加强马克思主义在整个意识形态领域里面的指导作用，推动哲学社会科学各个领域全面发展，为我国的中国特色社会主义建设和经济社会发展提供重要的智力支持。所以，意义是非常重大的。

马克思主义理论研究和建设工程的一个重点项目，就是重新审核和修订马克思、恩格斯和列宁等经典作家重点著作的译文。中共中央编译局义不容辞地承担了这项重要的工作。

【采访】韦建桦（全国政协常委、中共中央编译局原局长）

在《马克思恩格斯全集》第一版出齐之后，我们就立即讨论了中文第二版的编译工作，这个中文第二版总计有70卷，可以说是卷次多，规模大，出版周期很长。那么为了适应社会各界对于经典著作最新版本的需求，我们就从马恩著作当中精选了最重要、最具有代表性的文献，先编成《马克思恩格斯文集》10卷本，同时我们还编辑了《列宁专题文集》5卷本，供广大的干部和群众学习和研究。这两部文集是马克思主义理论工程的重点项目，结构更合理，规模更适中，译文更准确，资料更翔实，因此受到了广大干部和群众，以及理论工作者的欢迎。

《马克思恩格斯文集》10卷本和《列宁专题文集》5卷本

2009年底,《马克思恩格斯文集》10卷本和《列宁专题文集》5卷本顺利编辑出版完成,得到了党中央的高度评价。

《马克思恩格斯文集》、《列宁专题文集》出版座谈会

【视频】中共中央政治局常委李长春同志2009年12月25日在中央召开的《马克思恩格斯文集》、《列宁专题文集》座谈会上的讲话

两部文集的出版,是党的思想理论建设的一件大事,是马克思主义经典著作编译的一大盛事,是马克思主义理论研究和建设工程的一个重大成果,对学习、研究和传播、运用马克思主义具有重要意义。

两部文集,是党中央实施马克思主义理论研究和建设工程重大战略取得的标志性成果,是中国百年马克思主义传播史和经典著作编译史上最具权威性的成果之一。它一经面世,就受到广大理论工作者和普通干部群众的热情关注。自2010年2月上市以来,已热销两万多套,在短时间内达到如此大的销量,这在马列经典著作的发行史上并不多见。

【采访】黄书元(人民出版社社长)

这两部文集一出版就受到了广大读者的热烈欢迎。去年一年,我们发行了两万多套,这是在发行史上很少见的。我有一件事可以说一说,在2009年12月份,我们接到山东省新华书店一个电话,因为当时那套书刚刚出版不久,我们只是给各个书店发了一两套作为陈列。当时山东省新华书店给我打电话说,有一个老先生姓刘,他见到这个书,非要把陈列品买走。买走以后他就没办法陈列了,就问我们怎么办?后来我们觉得读者这么欢迎,就把这个书卖给他,再马上用空运给你发两套书过去。

马克思主义理论研究和建设工程，特别是这两部文集的编辑出版，离不开对马克思主义经典文集的搜集、收藏和整理。为此，在中央的支持下，中央编译局大力推动马克思主义文献典藏建设，其中也包括对珍贵文献和手稿的收藏。

在中共中央编译局，珍藏着两份马克思的手稿：一份是1876年10月16日马克思写给友人托马斯·奥尔索普的信，另一份是1878年6月25日马克思写给英国周刊《自由新闻》主编与发行人科勒特·多布森·科勒特的信，这两份手稿是中央编译局图书馆的镇馆之宝。

马克思一生被四处驱逐，过着流亡的生活。贫困的物质生活和繁重的工作，致使晚年的马克思经常被病痛折磨，1883年3月14日，积劳成疾的马克思在伦敦的寓所中溘然长逝，被安葬在海格特公墓。

马克思一生留下大量手稿，但大部分手稿字迹潦草，在写作中多用个性化缩略词，并在德文、英文中夹杂着法文以及其他多

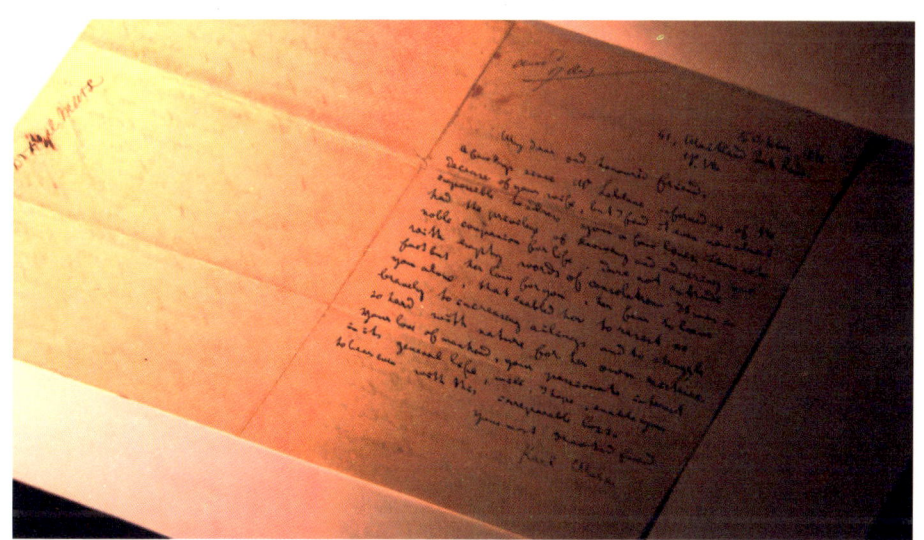

中共中央编译局珍藏的马克思手稿之一

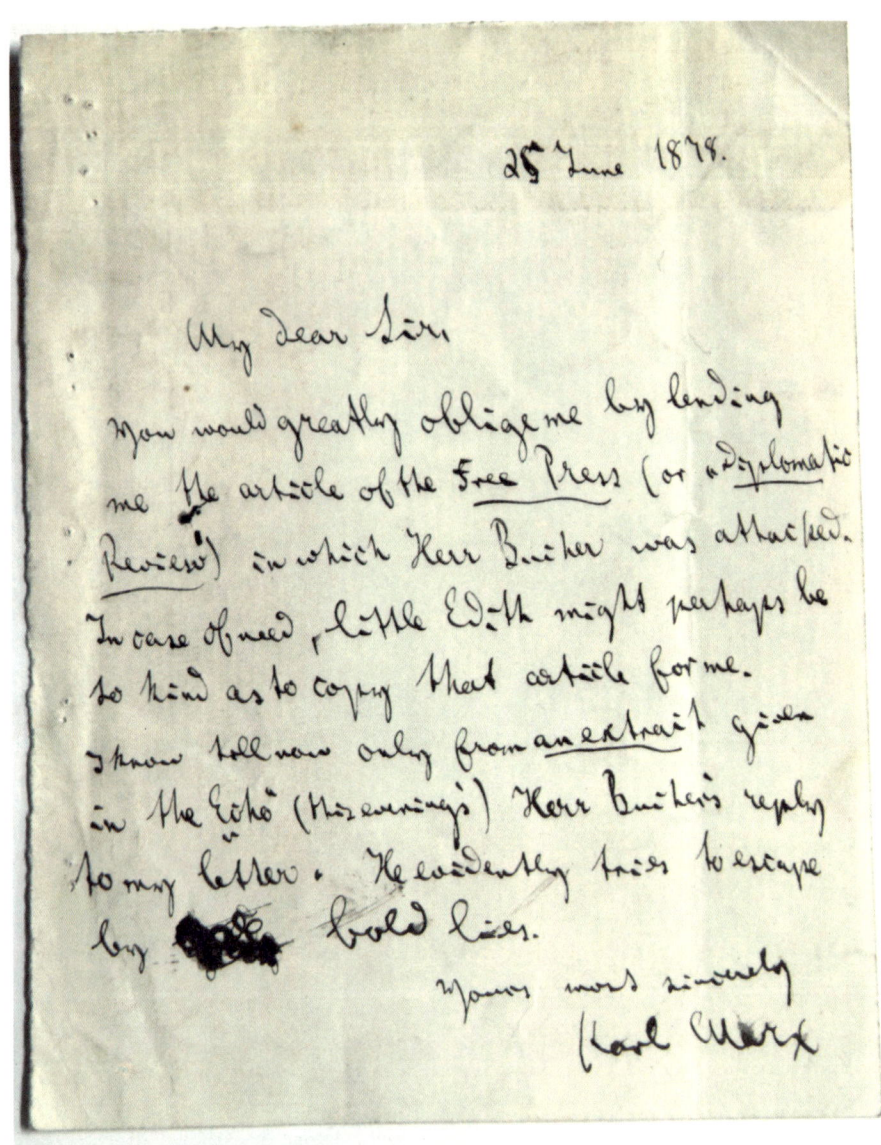

中共中央编译局珍藏的马克思手稿之二

燕妮晚年照片

种文字,这给后人整理和编辑他的著作留下很大困难。

马克思的妻子燕妮生前有一项重要工作就是帮助马克思誊清文稿,以便他人能看懂。燕妮和马克思相继去世后,恩格斯又为整理马克思的手稿不懈工作了12年,耗费了大量心血。

在生命的最后几年,恩格斯感到自己已不可能完成整理马克思留下的庞大手稿的任务,必需在有生之年培养出能够辨认马克思手迹的后继者,他选择了考茨基和伯恩施坦等人。

后来,为了辨认这些天书般的手稿,一批马恩手稿的笔迹辨

恩格斯在工作（版画）

认专家应运而生。俄国人保尔·韦勒尔擅长辨认马克思经济学笔记，俄国人尼娜·伊尔伊尼奇娜能够对马克思恩格斯各种笔迹进行辨认，她对马恩手稿的辨认工作做了44年。

为了识别马克思恩格斯的笔迹，柏林马列主义研究院甚至还专门聘请了一位多年在刑侦部门从事笔迹辨认工作的专家库特·米勒，他编辑的《米勒字母表》成为辨认马恩手稿的不可缺少的工具书。

马克思逝世后，他的手稿由恩格斯和马克思的女儿爱琳娜保管。恩格斯去世前立下遗嘱：将马克思的手稿和书信归爱琳娜，这部分手稿在1898年爱琳娜逝世后转归德国社会民主党。恩格斯除私人信件之外的全部书信、手稿以及马克思和恩格斯之间的通信和全部藏书，归德国社会民主党保管。

《米勒字母表》

这些手稿是马克思恩格斯留给我们的珍贵遗产。由于各种政治和历史原因,这些手稿曾颠沛流离、四处漂泊,在一个多世纪的风雨中,许多人为了保存马克思恩格斯手稿历经艰险,甚至付出生命的代价。

20世纪30年代,希特勒上台后叫嚣:"要在德国把马克思主义连根拔掉。"德国纳粹很快采取行动,疯狂地清扫所有马克思恩格斯著作,焚烧与他们有关的历史文献。马克思恩格斯的手稿面临被毁掉的危险。

林登街3号,德国社会民主党执委会机关大楼。纳粹上台前,马克思恩格斯的手稿就保存在这里。80年前,为了使手稿免遭毁灭,在这里上演了一场惊心动魄的手稿保卫战。

手稿首先被转到马丁·路德街的一家油漆匠店铺,随后又被

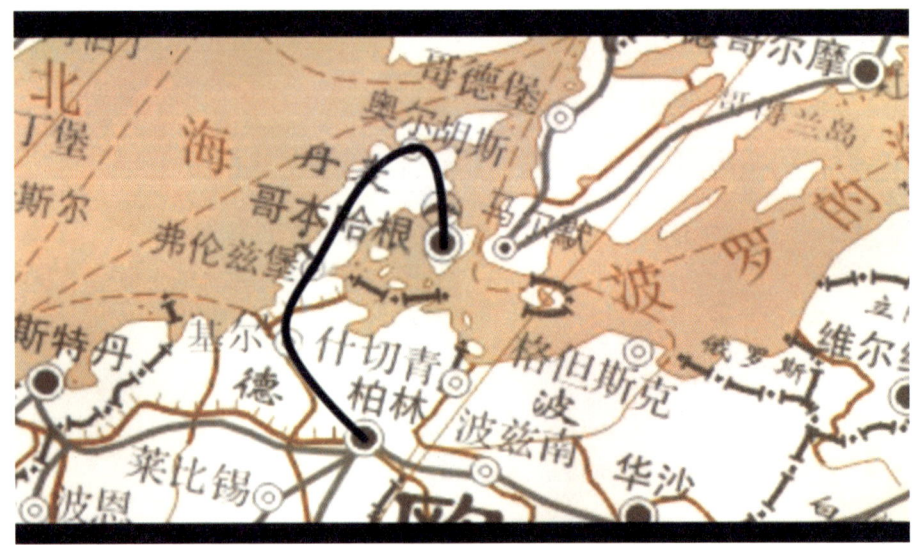

马克思恩格斯手稿秘密转移路线示意图

转移到社会民主党人的友人家中。

然而，在纳粹横行的德国，马克思手稿仍极不安全。有人建议将手稿秘密运至丹麦保存。

这是一条连接德国石勒苏益格－荷尔斯泰因和丹麦的秘密"边界小径"，纳粹对此毫无察觉。手稿的保卫者们决定，通过这条秘密小径将手稿运至丹麦。

尽管如此，将如此大量的马恩手稿偷运出境仍然极具风险。为此，他们想出了各种办法。有人用小帆船运送了部分手稿；有人乘海湾渡轮带出一部分手稿；有的运动员也帮忙，在德意志和丹麦的划船竞赛时带出一部分手稿；其中大部分手稿是由一名叫威廉·施梅尔的人带到丹麦的。他是哈里厄斯费尔德的区部主席，白天，他照常工作，夜间，他和他的同志们就用背包背负手稿，在丛林沼泽间，往返穿梭。

1933年11月，手稿终于全部运抵丹麦，存放在哥本哈根的丹麦工人地方银行的保险柜里。

【现场同期】格茨·朗考（阿姆斯特丹国际社会历史研究所教授）

由于没有资金来保管这些在德国被视为违法的资料，流亡的德国社会民主党人于1936年决定出售这些档案。与社会民主主义运动有联系的阿姆斯特丹研究所，它受到工人、银行、公司的资助，有一些资金，所以，德国人卖，而荷兰人买了这些档案。因此，马克思、恩格斯的大部分手稿来到了阿姆斯特丹，但不是全部。

目前，荷兰阿姆斯特丹国际社会历史研究所保存着马克思恩格斯著作的约三分之二的原始手稿。其他约三分之一的原始手稿于1935—1936年辗转转移到莫斯科，目前保存于俄罗斯国家社会政治和历史档案馆。

【现场同期】格茨·朗考（阿姆斯特丹国际社会历史研究所教授）

在马克思辞世时，他把政治通信和学术方面的手稿遗赠给恩格斯，其他性质比较特殊的家庭方面的信件资料和稿件留给了他的女儿，存在巴黎，直到19世纪30年代。俄国同行在十月革命后，最早从1921年莫斯科马克思恩格斯研究院（后为马列研究院）成立后开始收集马恩手稿。

还有一些手稿散落在世界各地，被收藏者视为"珍宝"。我国也收藏了为数不多的马恩手稿。除中央编译局图书馆外，中国国家图书馆、中央档案馆中也保存了若干份。

马克思私人藏书也历经磨难，分散各地，残缺不全。已知分别收藏于伦敦大英博物馆、英国国家图书馆、俄罗斯国家社会政

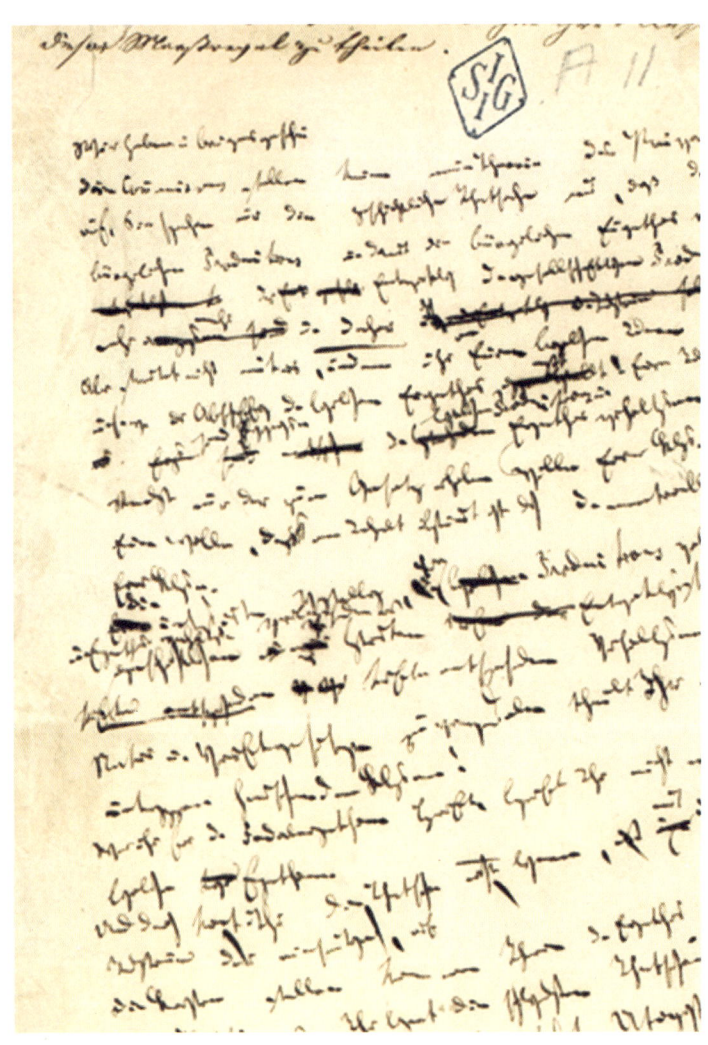

阿姆斯特丹国际社会历史研究所保存的马克思手稿

治和历史档案馆、德国特里尔马克思故居、荷兰阿姆斯特丹国际社会历史研究所、波兰国家图书馆和东京图书馆等地,这些藏书很多已经成为重要文物。

在中央实施的马克思主义理论研究和建设工程中,还有一项重要任务就是对经典著作基本观点进行全面、系统、深入的研究,做到"四个分清",即分清哪些是必须长期坚持的马克思

第七届全国马克思主义论坛现场

主义基本原理，哪些是需要结合新的实际加以丰富发展的理论判断，哪些是必须破除的对马克思主义的教条式的理解，哪些是必须澄清的附加在马克思主义名下的错误观点，这是在新的历史条件下对加强和推进马克思主义经典著作基本观点研究提出的根本要求。

中共中央编译局牵头承担了这项任务，来自中共中央编译局、中共中央党校、中国社会科学院、教育部、国防大学和军事科学院等科研机构的专家学者共200余人参与其中。这项任务的18个子课题，基本涵盖了马克思主义经典著作中的基本观点。其成果包括已出版了的《马克思主义研究论丛》、《全国马克思主义论坛丛书》、《国外马克思主义研究丛书》、《马克思主义研究参考丛书》和《马克思主义基本理论研究丛书》等一系列学术著作以及百余篇有分量的学术文章。

《马克思主义基本原理概论》等教材

　　这是一所普通大学的阶梯教室，大学生们正在聚精会神地听老师讲授《马克思主义中国化》课程。我国大学马克思主义教材的编写经历了两个高峰期，第一个高峰期是建国初期，伴随着教育体制改革和院校调整，大学普遍设置了马克思主义课程，马克思主义教材也应运而生；第二个高峰期是改革开放以后。

　　改革开放30多年来中国社会、经济、政治、文化各领域发生了巨大的变化，这就需要今天的马克思主义理论研究和教育与时俱进，总结新的经验，结合新的形势，编写出适应时代变化的新教材。

**【采访】杨光（教育部社会科学司司长）**

党的十六大以来，以胡锦涛同志为总书记的党中央高度重视高校思想政治理论课，作出了一系列重要部署。一是确定05新方案，将思政课教材列入中央马克思主义理论研究和建设工程，作为首批重点教材进行建设。自06年秋季陆续投入使用，受到了高校师生的普遍认可，为加强和改进思想政治理论课奠定了坚实的基础。二是独立设置马克思主义理论一级学科，为高校思政课提供了理论和学科支撑，使学科建设、课程建设和队伍建设紧密结合，取得了积极成效。三是将高校思政课教师培训、骨干研修列入马克思主义理论和研究工程，实行"全员培训"，先培训后上课。几年来，共培训思政课教师12万余人次，为提高教师素质和教学能力，提高课程的吸引力、感染力发挥了重要作用。

中央马克思主义理论研究和建设工程的另一项重要任务是加强马克思主义理论学科建设和队伍建设。

2005年，国务院决定，增设马克思主义理论一级学科及马克思主义基本原理等五个二级学科。全国范围内一大批马克思主义学院、研究院等教学科研机构陆续建立，展现出欣欣向荣的景象。

这是北京大学各种社团招新的场面，热闹非凡，号称"百团大战"。青年马克思主义发展研究会等学生社团活跃其中。这是学生们在学习之余，自发组织的马克思主义的研究社团。

【现场同期】张树焕（北京大学青年马克思主义发展研究会会长）

我们"青马研"的活动宗旨是继承北大"爱国、进步、民主、科学"的光荣传统，坚持理论学习与社会实践相结合的原则，以学习、研究、传播马克思主义，实践"三个代表"重要思想和科学发展观为我们的宗旨。研究会的成立为北大的学生提供了一个学习、讨论马克思主义的一个重要场域，因此在北大受到广泛的欢迎。

【采访】夏文斌（北京大学党委宣传部部长）

这支重要的社团——马克思主义研究社团，在学习、弘扬、传播马克思主义的传统，在实践马克思主义精神方面作出了许多新的贡献。

他们注重用多种方式来宣传、传播马克思主义，我们的学生社团，特别是马克思主义研究会的这些社团，他们采取了学习喜闻乐见的方式，包括"一二·九"的合唱啊，包括各种各样的演出啊，包括演讲比赛啊，这样就使得学生能够乐于接受，学生更易于把握马克思主义的真谛。

除了北京大学，在其他一些高校也活跃着这样一些马克思主义学习社团。例如，中国人民大学的"青年马克思主义研究会"、北京科技大学的"求实学会"、北京理工大学的"共产主义学习实践总会"、复旦大学的"邓小平理论研究会"、吉林大学的"马列主义、毛泽东思想学习研究会"等。

北京大学社团招新场面

伴随着我国改革开放的深入和经济迅猛发展,相应的也出现了一些诸如经济社会发展不平衡、社会分配不均、社会民生以及生态环境等问题。面对新的问题,人们需要新的理论指导实践。

《从"蜗居"走向"安居"——怎么看房价过高》,这是2010年出版的《七个"怎么看"——理论热点面对面·2010》中的一篇文章。

从2003年起,针对民众关心的热点难点问题,中宣部每年都组织编写通俗理论读物,这些通俗读物全面准确、生动深入地阐述了科学发展观、构建社会主义和谐社会等重大战略思想,受到人民群众的广泛欢迎。

在改革开放的今天,马克思主义的传播不仅没有淡出普通民众的生活,反而呈现出通俗化、大众化等新特点。

《理论热点面对面》系列丛书

【采访】顾海良(教育部党组成员、国家教育行政学院院长)

人民群众对理论的需求、对理论的渴望、接受理论的方式都发生了巨大的变化,马克思主义要为人民群众所掌握,那就要考虑到这些变化。用人民群众喜闻乐见的语言方式、表达方式来宣传和传播马克思主义,那么我们就要考虑到当今所发生的一些传播方式的变化、群众对于理论接受方式的变化,以及我们理论语言表达的方式,特别是人民群众渴望哪些理论、哪些实际问题要给予马克思主义的解答,这些都是我们大众化的一项重要任务。所以理论工作者如何适应中国化、时代化、大众化的需要,在马克思主义现代化和普及化方面作出更多的努力,创造更多有利于中国化马克思主义传播的这种作品,这对马克思主义在当代的发展是非常重要的。

回顾马克思主义传入中国一百多年来的历史，面对经济全球化时代复杂多变的世界局势和人类社会扑朔迷离的发展前景，人们越来越深切地感受到马克思主义特有的理论魅力和现实价值。在中国社会主义现代化建设的新征途中，在新世纪新阶段的起跑线上，我们要在更高的层次上传承马克思主义经典著作的编译事业，发展马克思主义思想理论。中华民族的伟大复兴，需要马克思主义理论的不断创新，代代传承。

本集撰稿　庄俊举

本集编导　高宏飞

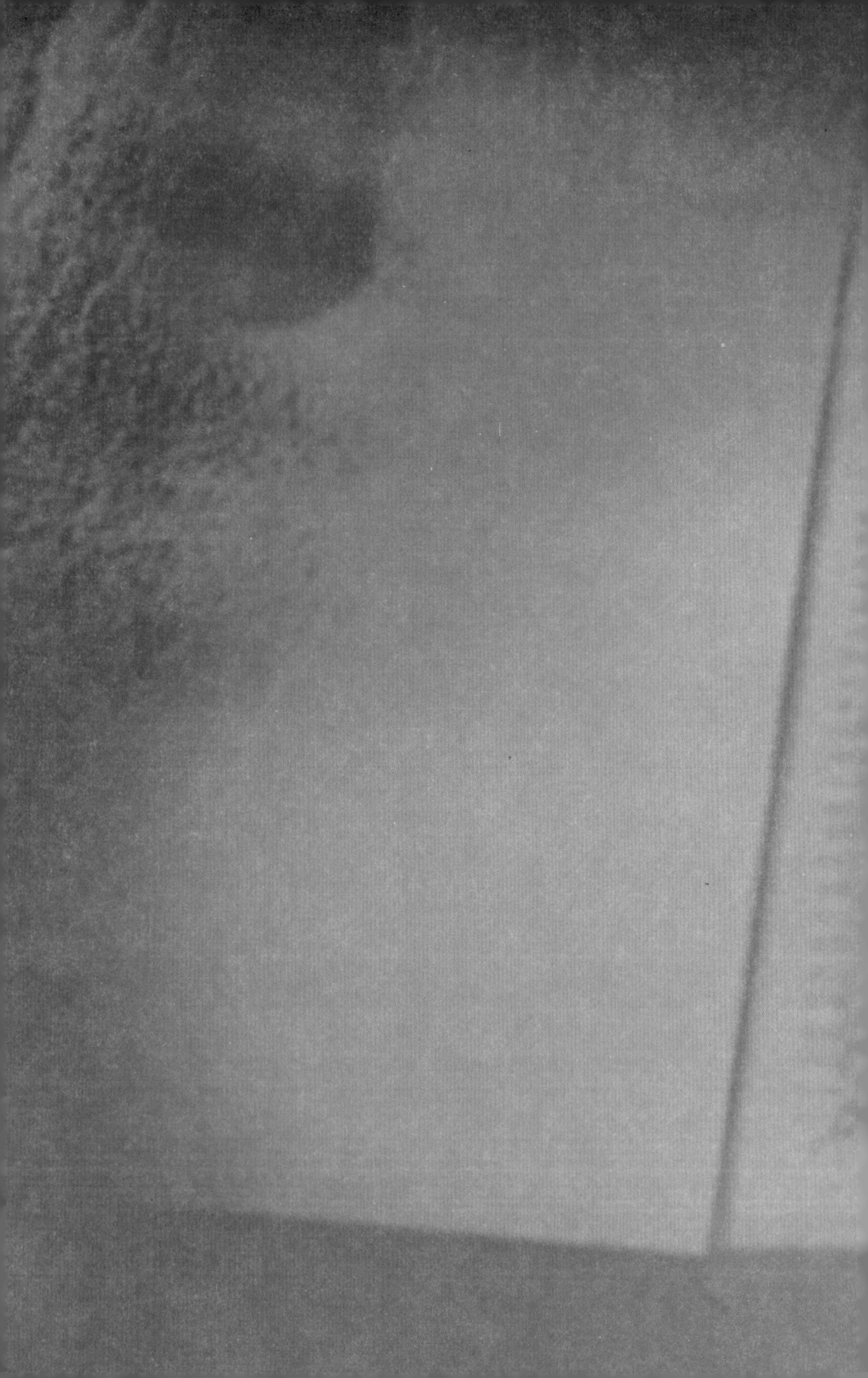

## 思想的历程

**第八集 薪火百年**

回首马克思主义在中国传播的百年历史,多少中华民族优秀儿女不畏艰难,不怕牺牲,创造性地把马克思主义真理运用于中国革命实践,缔造了今日中国的辉煌。展望中国特色社会主义事业的明天,有志气、有能力的中华儿女们必将继续高举从先辈手中接过的真理火种,实事求是,勇于创新,不惧风险,征服困难,实现中华民族的伟大复兴。

 第八集　薪火百年

2010年春夏，举世瞩目的第41届世界博览会在美丽的黄浦江畔举行。184个日日夜夜里，超过7000万来自世界各地的人们来到上海——这座素有东方明珠美誉的国际都市，尽情享受精美绝伦的博览盛会和海纳百川的人文气概所赋予的精神盛宴与智慧

上海世博会

老上海照片

启迪。上海的辉煌,世界铭记。

上海,这座城市承载着太多的历史。镌刻着市井喧嚣的小弄堂和石库门,有着万国建筑博览会之称的外滩以及鳞次栉比的现代化摩天大厦,它们一一见证了第一次将马克思的名字从这里传入中国,见证了《共产党宣言》中译本第一版在这里诞生,更见证了马克思主义著作从这里被翻译、编辑、出版并传遍华夏大地。与中国具体实践相结合的马克思主义深深地影响了中国的命运!

那些历经岁月流年的各式建筑和仿佛带着墨香却微微泛黄的文献卷宗,向人们静静地述说着马克思主义在中国传播一百多年来的沧桑巨变,也浓墨重彩地渲染出三位直接影响中国历史进程的时代伟人所留下的深刻印记。他们就是:孙中山、毛泽东、邓小平。

在孙中山、毛泽东、邓小平这三大伟人的思想历程中,都受到过马克思主义经典著作的影响。不过,孙中山与毛泽东、邓小平所受影响的不同地方在于：孙中山仅仅把马克思主义作为一种学说，没有将它作为指导中国革命的根本思想，因此，他所领导的资产阶级革命没有取得最终的成功。

而中国共产党从成立第一天起，就把马克思主义作为自己的指导思想和理论基础，鲜明地写在自己的旗帜上。正是由于以毛泽东为代表的中国共产党人创造性地把运用马克思主义基本原理与中国实际相结合，形成了毛泽东思想，实现了马克思主义中国化的第一次历史飞跃，才取得了中国新民主主义革命的伟大胜利，建立了新中国。

在新的历史时期，以邓小平、江泽民、胡锦涛为代表的中国共产党人把马克思主义同当代中国实际相结合，继承和发展了毛泽东思想，创立了建设有中国特色的社会主义理论体系，实现了马克思主义中国化的第二次飞跃，开创了我国改革开放和社会主义现代化建设的历史新时期。

【采访】李忠杰（中共中央党史研究室副主任）

从孙中山，到毛泽东，到邓小平，可以说，一代一代的中华民族的志士仁人，都曾经在不同程度上接触过马克思主义，研究过马克思主义。当然，特别是中国共产党举起了马克思主义的旗帜之后，就不断地把马克思主义的基本原理运用于中国的实际，来解决中国的现实问题，从而实现了马克思主义中国化的两次历史性飞跃。

在中国过去的一百多年中，那些传播马克思主义真理的优秀中华儿女就像希腊神话故事中的普罗米修斯一样，为勇盗天火造福人类而忍辱负重，百折不挠。有的人为此长期遭到反动势力的

吴亮平照片

迫害，有的人甚至为此献出生命。

吴亮平是第一个翻译恩格斯《反杜林论》的人。1930年11月，在这部译著刚出版不久，他就在上海租界被已任国民党要职的原大学同学碰见。吴亮平躲避不及，被这个同学一把抓住，并喊来巡捕将他逮捕，后被判处两年徒刑。面对反动当局的威逼利诱，吴亮平始终坚贞不屈。在上海提篮桥监狱，吴亮平继续向狱友们讲授辩证唯物论和唯物史观，坚持传播马克思主义真理。

【采访】吴毅凌（北京艾米特有限公司总经理、吴亮平之子）

即使被关进监狱，吴亮平依然宣传马克思主义。据当时与他一同关在监狱的廖沫沙回忆，他们想方设法从狱外弄来几本社会科学方面的书籍，办起了狱中讲座，每当入夜，吴亮平就和彭康站在铁栏杆边，讲解革命理论。

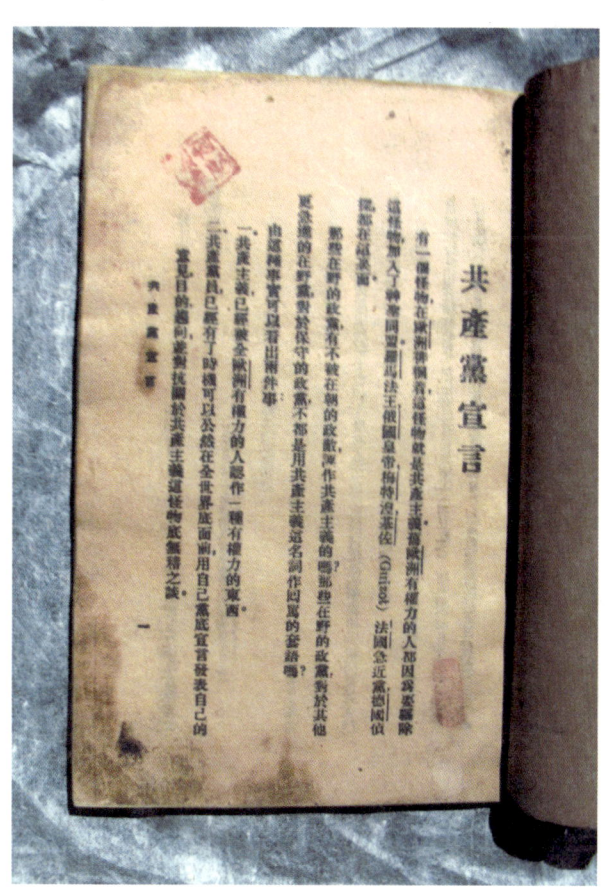

广饶本《共产党宣言》，
右下角有"葆臣"印

遥想在那样血雨腥风的年代，一群朝气蓬勃的青年，为了翻译和宣传马克思主义，顽强不屈，甚至置个人生死于不顾，演绎出一曲又一曲荡气回肠的英雄赞歌。

与盗火的历程一样，火种的保存也是要经历血雨腥风的考验，有时甚至会付出血的代价。

眼前的这本 1920 年 8 月出版的《共产党宣言》是在山东广饶发现的。我们的故事就要从这枚印章讲起。

**【采访】李莉**（山东省东营市历史博物馆陈列部主任）

这个葆臣，就是张葆臣。(当时他)是共青团员，在咱们党内主要是负责青年运动和党报党刊的发行工作。他对外的一个公开身份是上海道生银行驻济南办事处的职员，借助这个职务之便，他经常往来于上海和济南之间。这本书就是张葆臣从上海带回来的。当年与张葆臣共同从事革命活动的有一名济南女子职业学校的教师，叫刘雨辉，当年张葆臣把盖有"葆臣"章的这本书送给了刘雨辉。

刘雨辉老家是广饶县刘集村，这里是山东省最早成立农村党支部的村子之一。1926年春节，她回家探亲时就把书交给了时任支部书记的刘良才。刘良才把这本封面上印着一个"大胡子"头像的小册子视为珍宝，经常组织党员们一起学习书中的道理。

1931年2月，刘良才调任中共潍县县委书记，临行前，他把这小册子珍而重之地转交给刘集支部委员刘考文。一年后，刘考文不幸被捕。在被捕前他把它交给了党员刘世厚。刘世厚用油纸把这本书包好，再装进竹筒里，有时藏在床铺下面，有时藏在房屋山墙上的雀眼里，躲过了敌人一次次的搜查。

1941年1月18日，日本伪军"扫荡"刘集村，烧杀抢掠，制造了骇人听闻的"刘集惨案"，小村庄几乎焚烧殆尽。当时已经逃出村子的刘世厚却始终放心不下这本书，冒着生命危险潜回村里，硬是从火海中，从房屋山墙的雀眼里把它抢救出来。

1975年，广饶县征集革命文物，84岁高龄的刘世厚老人把这本宝贵的文献献给了国家。

**【采访】余世诚（中国石油大学教授）**

广饶藏本《共产党宣言》经过了半个多世纪的风风雨雨，和我们见面了。这个过程说明它是用生命谱写的传播信仰的一个接力，也是一首用生命谱写的传播信仰的赞歌。广饶藏本《共产党宣言》的意义在于，它不仅仅是一个非常珍贵的版本，它是《共产党宣言》中译本的第一个版本，也是马克思主义著作中译本的第一个版本，更重要的是，它是人民群众用生命捍卫信仰的一个见证。

马克思主义在中国的传播史上，还有这样一些人，他们将马列主义经典著作以及与之相关的图书资料看作是比生命还宝贵的财富，倾其所有和一生来进行搜集和珍藏。

王禹夫，曾先后在保定、北平等城市从事党的地下工作，他

王禹夫照片

负责的"北方人民出版社"专门出版马列主义的经典著作；延安时期，他曾在延安马列学院编译部工作；解放后长期从事中共党史的研究和教学。无论是在颠沛流离的战争年代，还是在社会主义和平建设时期，他倾其心血搜集和保存了大量革命文献和与党史有关的珍贵资料。

【采访】王日钢（原北京化工局退休职工、王禹夫之子）

我父亲爱书如命，但只收藏马列和党史方面的资料。在转战陕北的时候，我父亲想方设法雇毛驴驮着从白区带来的资料和书转移。在文革中，战备疏散时，我父亲首先想到的是把这些书运回农村老家。因箱包有限，我父亲只让装书，衣服等不装，说衣服可以再买，书籍资料没了就再也找不到了。

"人有存没而学不息，世有变故而书不亡。"王禹夫同志为了马克思主义文献资料的收藏付出的代价常人难以想象；当他离开

王禹夫夫人向中共中央编译局捐赠图书

人世的时候,没有给家人留下任何财产,只留下了2万多册革命书籍,并无偿捐献给了中央编译局。这些珍贵的书籍凝聚着王禹夫对马克思主义传播事业的无限深情。

在革命战争年代,老一代马克思主义经典著作翻译家冒着血与火的威胁执著地追求真理。在和平建设时期,有这么一群人,他们怀着坚定的信仰,日复一日,年复一年地坚守在看似平凡的岗位上勤恳地工作,默默地为党的理论翻译事业贡献毕生精力。

**【采访】顾锦屏(中共中央编译局原常务副局长)**

在几十年的工作当中,我们这些年轻人把自己的一生,把自己的全部精力都献给了马列主义的编译事业,我们感到很光荣,也很崇高。

在我的一生当中,总想起好多为马列主义奋斗的光辉形象,在回顾我的战斗历程时,我总难以忘怀的有几位同志,为我们的《列宁全集》二版作出特殊贡献的林基洲同志、岑鼎山同志,还有同我一块儿同一天到编译局的,我的同学周亮勋同志。

周亮勋,国内权威的马克思主义经典著作翻译家,国际马恩基金会(IMES)《马恩全集》历史考证版(MEGA)学术咨询委员会委员,"五一"劳动奖章获得者。2004年春,党中央开始组织实施马克思主义理论研究和建设工程。中央编译局在工程中承担了重要任务,受命组建马克思主义经典作家重要著作译文审核和修订课题组,负责编译十卷本《马克思恩格斯文集》和五卷本《列宁专题文集》。

周亮勋工作照

【采访】王学东（中共中央编译局副局长）

面对艰巨复杂的编译任务，中央编译局的老专家们发挥了中流砥柱的作用。马列部的老主任周亮勋同志虽然年逾七旬，仍像年轻人一样全力以赴地投入工作。他夜以继日、废寝忘食，甚至隐瞒了自己的病情，带病坚持工作。

2005年4月的一天，晚饭后，已经开了一整天的定稿会还要继续，大家分头回办公室取材料。有人发现，周亮勋正沿着走廊的墙壁摸索，当问他的时候，他说："我看不见了，找不到办公室了。"大家扶着他，帮助他打开办公室的门。但他的症状愈发严重，于是大家急忙将他送到医院。医生诊断为脑溢血突发，并为他做了开颅手术。两天两夜后，周亮勋从昏迷中醒来，他开口说的第一句话让所有在场的人都不禁为之动容。

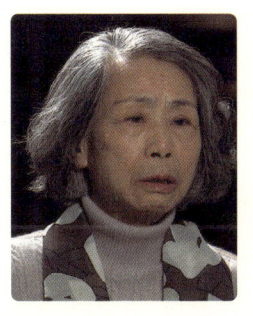

**【采访】周家碧**(中共中央编译局资深翻译家周亮勋夫人)

第三天从重症监护室出来以后,的确是我一去看他,他就很躁动。他就喊,喊,喊开会开会,我的稿子呢?稿子呢?他也不知道怎么回事,他想不清楚,他就喊"开会"、"稿子",就喊这两样。

在场的医护人员、家人和同事无不被深深打动,默默流下泪水。此时的周亮勋刚刚做完手术,意识还未恢复正常,但翻译和传播马克思主义真理的强烈责任心、事业心和使命感让他只记得一件事情,那就是"我要工作"!

**【采访】周家碧**(中共中央编译局资深翻译家周亮勋夫人)

他甚至有一天说不能工作了,他痛苦到什么程度啊?他唱国际歌。当然他唱不下去了,他一唱他就哽咽住了。就是他精神上非常痛苦,只有工作才能够使他感觉到生活是充实的。

出院后,周亮勋行动迟缓,语言表达吃力,写不了字,但为了能尽早恢复工作,他咬着牙坚持读报、写字,以顽强的毅力配合各种康复锻炼。

不幸的是,一年多后,周亮勋再次突发脑溢血。2007年4月17日,这位平凡而又伟大的马克思主义编译家永远地离开了我们。

"壮志未酬身先死,长使英雄泪满襟。"在中央编译局所在的小院里,聚集了一批像周亮勋这样鞠躬尽瘁、忘我工作的马克思主义著作编译工作者。

从《斯大林全集》,到《列宁全集》第一版,再到《马克思恩

中共中央编译局
全国资深翻译家
表彰大会现场

格斯全集》第一版、《列宁全集》第二版、《马克思恩格斯全集》第二版、《马克思恩格斯文集》……集体翻译、集体工作成为中央编译局工作的一大特色,先后有数百人参与了马列著作的编译工作。但是,任何人都不能说出哪一卷或哪一篇是"我个人的"译作。

党和人民没有忘记他们所付出的辛劳,给予他们最高荣誉。2001年以来,中共中央编译局先后共有138名长期从事马克思主义经典著作和中央文献翻译的专家学者荣获了"资深翻译家"称号,成为中国翻译界最大的资深翻译家群体。

2011年1月,中央编译局隆重举行了获得"资深翻译家"荣誉称号人员的表彰会。

马克思主义经典著作是人类知识的宝库,涵盖了哲学、政治、历史、法律、经济、科技、军事、文艺、民族和宗教等各方面知识。要把它们精准地译成中文,准确反映原作者的思想内容和表现风格,翻译工作者不得不一一查阅并比对原作者直接或间接引证的其他文献,厘清这些文献的整体思想脉络和所有细节。

【现场同期】衣俊卿（中共中央编译局局长）

半个多世纪以来，中央编译局形成了一支以资深翻译家为代表的业务精湛、功勋卓著的翻译工作者群体。这是一个敢战斗、能战斗，勇挑重担，勇攀高峰的优秀知识分子群体。无论是在建国初期的艰苦年代里，在十年"文革"的全面浩劫中，还是在改革开放的火热年代里，在市场经济的汹涌大潮中，我们的翻译家们几十年如一日，咬住青山不放松，无私奉献，忘我工作，保质保量地、高质高效地完成了党中央交给的各项光荣任务，获得党中央高度肯定，得到社会广泛认同。

中共中央编译局局长衣俊卿为受表彰的资深翻译家颁奖

【采访】张钟朴（中共中央编译局资深翻译家）

在翻译《资本论》第2卷的手稿的时候，我们遇到了马克思引用的一段介绍中国的武夷山茶叶的文字。这种茶叶一直运到俄国的莫斯科和圣彼得堡，这么长的一个商业路线，其中有很多地名，在中国境内的很多地名，开头先用外文音译译过来，然后再到地图上去找，其中有两个地名怎么也找不到，最后我们在福建找到一个专门研究中俄茶叶贸易的专家，经过专家给我们确定，才最后确定下来。这个译名为什么这么困难？地图上没有，原因就是当时英国人写这个材料时用的是当地的方言的地名。而英国人音译以后呢，马克思又把英文译成了德文，俄国人又把德文译成了俄文，然后我们翻译的时候，又把俄文的发音再翻译成普通话的中国字。结果跟真正的地名根本就对不上了，要不是专家帮助，这个问题就解决不了。可是我们中国人如果翻译不出我们中国的地名，翻译不清楚，那肯定外国人会耻笑我们的。

在翻译马克思主义经典著作的过程中，这样的例子不胜枚举。因为编译工作者们深知，马克思主义经典著作编译事业是党的思想理论建设的一项重要基础工程，是推动中华民族的思想文化实现彻底变革，从传统形态向现代科学形态转变的关键环节。必须以科学的态度、严谨的精神，对每一个细节寻根究底，这样才能真正做好这项工作，不辜负党和人民的信任。

中国的马克思主义经典著作编译事业，到目前为止已经走过了将近一个世纪的艰辛历程。

【采访】韦建桦（全国政协常委、中共中央编译局原局长）

我感觉到在他们身上有四种精神最为宝贵：一是坚定不移追求真理的精神；二是严谨细致一丝不苟的精神；三是精诚团结通力协作的精神；四是贴近时代与时俱进的精神。我感觉这四点就是我们这支队伍最宝贵的经验。

中华文化上下五千年，之所以能够绵延不绝，就在于她有着一种开放包容、海纳百川的优秀品格。

马克思主义的传入和在中国的实践，将古老的神州从睡梦中唤醒。

中华民族再度崛起，正如拿破仑所说："狮子睡着了，苍蝇都敢落在它的脸上叫几声；中国一旦被惊醒，世界会为之震动。"

【采访】杨金海（中共中央编译局秘书长）

马克思主义传进来之后，通过与中国革命实践相结合，与中国传统文化相融合，彻底改变了中国的社会面貌。不仅形成了崭新的社会政治制度、经济制度，而且形成了崭新的文化体系。大家知道五四时期提出了新文化的任务，但什么是新文化？在当时还很不清楚。今天看来，这个问题基本上清楚了。我们所要建立的新文化就是以马克思主义为核心的新文化。

一个多世纪以来，我国翻译并出版了马克思主义经典作家的全集、选集以及大量的经典著作的单行本和专题文集，形成了完整、系统、准确、可靠的马克思主义典藏。随着中国革命和社会主义建设的不断发展，还形成了与马克思主义既一脉相承又与时俱进的中国化马克思主义理论体系。任何一种理论，只有不断创新、与时俱进，才能永葆生机和活力。马克思主义也是如此。

**【采访】衣俊卿（中共中央编译局局长）**

应该说中国共产党从成立之日起就非常重视理论武装，我们回顾我们党近百年的发展历程，总能看到一种理论的力量和思想的力量，那么在这里呢，我想我们要特别感激和铭记那些为了马克思主义在中国百年传播，奉献了自己的青春才华，甚至奉献了生命的翻译家和理论家。他们的编译成果为我们党的理论创新、为马克思主义大众化、为中国特色社会主义理论的形成提供了坚实的理论基础、丰富的思想资源和科学的方法指导。

中国马克思主义经典著作编译事业的发展始终得到党和国家领导人的高度重视和巨大支持。毛泽东不仅亲自批示成立中共中央编译局，而且为中央编译局的理论刊物《学习译丛》题写刊名。周恩来、刘少奇、朱德等中央领导曾先后亲自过问马列著作的出版情况或亲临中央编译局视察工作。邓小平亲自批示成立中译外常设机构，并批示同意出版《马克思恩格斯全集》中文第二版。

1993年，在中央编译局成立40周年之际，江泽民、李鹏和杨尚昆等中央领导分别题词，充分肯定编译工作取得的成绩。十六大以来，以胡锦涛同志为总书记的党中央高度重视马克思主义基础理论的编译和研究工作，为中央编译局各项事业的发展进一步指明了方向。

2002年12月20日，中共中央政治局常委李长春同志亲临中央编译局视察，对编译局的各项工作给予了高度评价和亲切鼓励，并从党和国家工作大局出发，提出了编译局的工作要"翻译与研究并

中共中央政治局常委李长春同志视察中央编译局

重、研究经典著作与研究现实问题并重，理论研究的提高与理论宣传的普及并重"的原则，确立了为中央服务、为中国社会主义现代化建设服务的方针，从而为编译局的工作作出了科学定位。

2003年10月28日，在中央编译局50周年庆典座谈会上，中共中央政治局委员、书记处书记、中宣部部长刘云山同志发表了重要讲话，对编译局在新时期的发展提出了明确要求。

2011年5月13日，中共中央政治局常委、国家副主席、中央军委副主席习近平同志在中共中央党校春季学期开学典礼的讲话

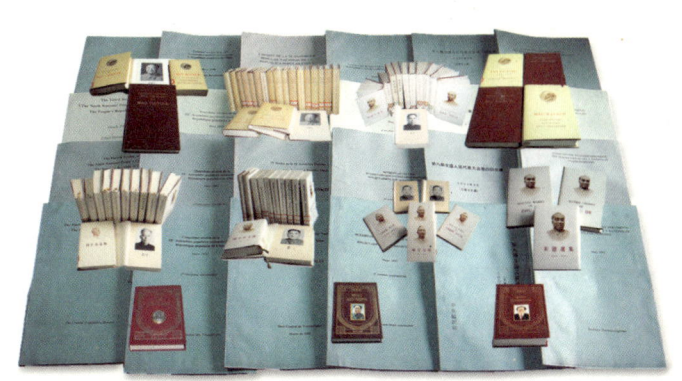

中共中央编译局翻译的党和国家领导人重要著作的部分外文本

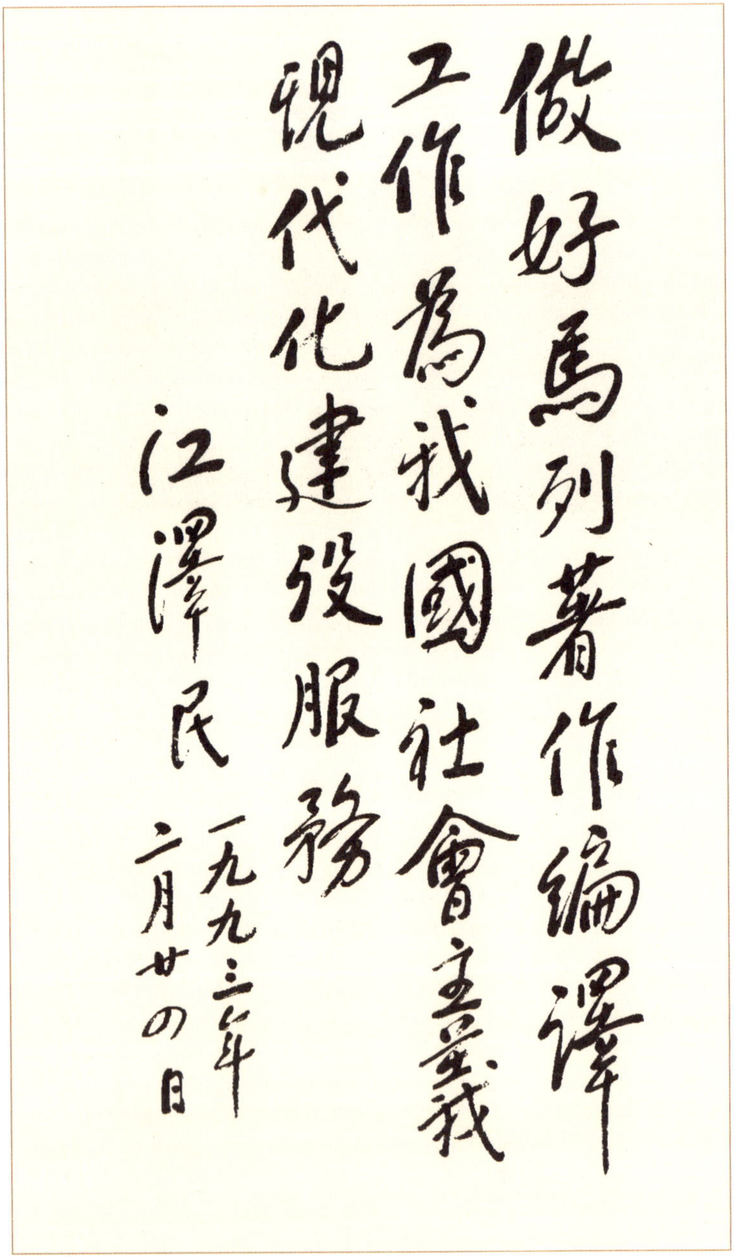

做好马列著作编译工作，为我国社会主义现代化建设服务

江泽民 一九九二年二月廿二日

江泽民同志为中央编译局成立40周年题词

第八集　薪火百年　201

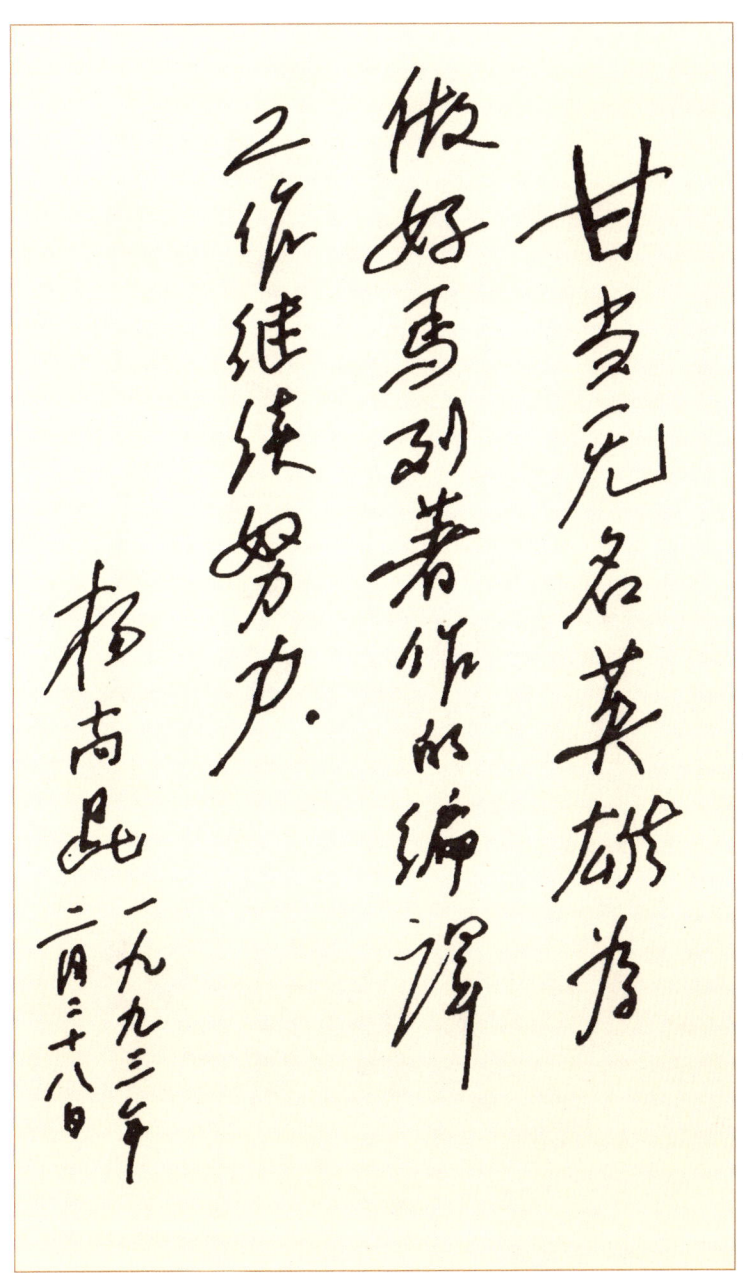

杨尚昆同志为中央编译局成立40周年题词

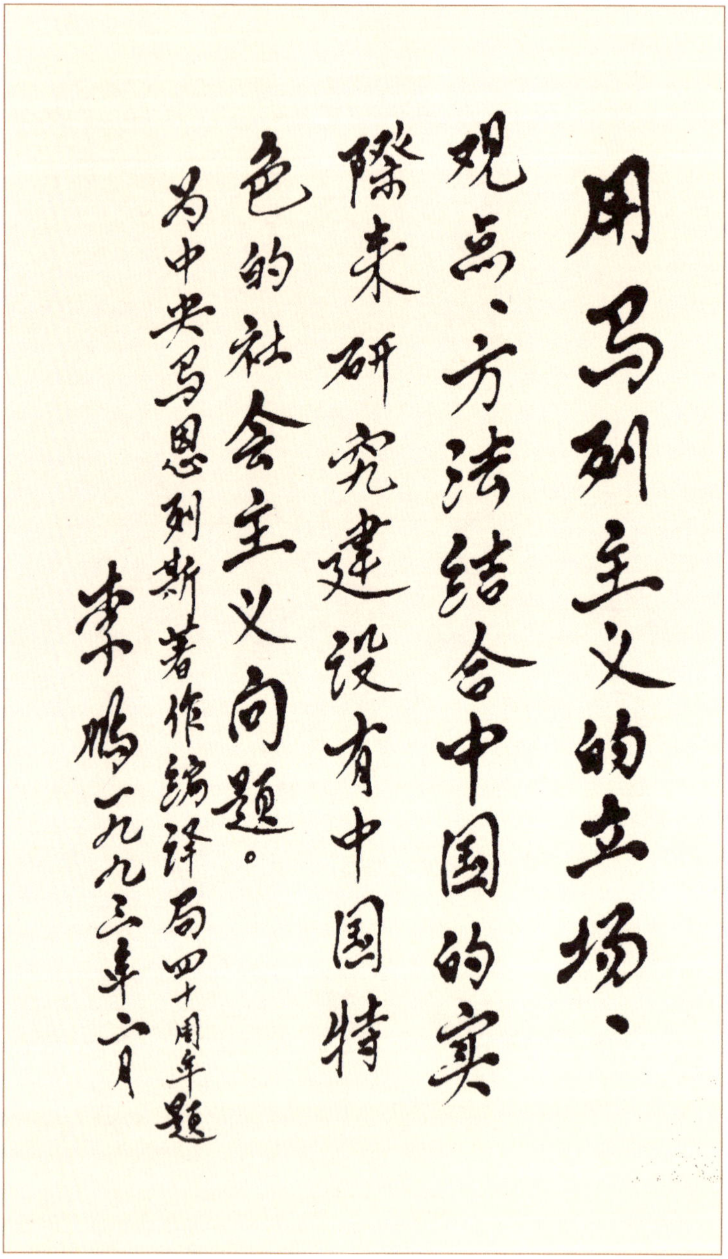

用马列主义的立场、观点、方法结合中国的实际来研究建设有中国特色的社会主义问题。

为中央马恩列斯新著作编译局四十周年题

李鹏 一九九三年六月

李鹏同志为中央编译局成立40周年题词

中强调,领导干部要注重对马克思主义经典著作的学习,特别指出,由编译局编译的两部文集是党中央实施马克思主义理论研究和建设工程所取得的标志性成果,是全面反映马克思主义的科学体系,是党员、干部学习马克思主义经典著作的权威性教材。这给予我国的马克思主义经典著作编译和研究事业以极大的鼓舞和强大的动力。

党和国家领导人对马克思主义经典著作编译事业的亲切关怀和殷切希望,是对马克思主义著作编译工作者的巨大鼓舞,必将推动马克思主义经典著作编译和传播事业走向新的的发展和繁荣。

习近平在2011年中央党校春季学期第二批学员开学典礼上讲话

【视频】中共中央总书记胡锦涛同志在党的十七大上讲话

《共产党宣言》发表以来近一百六十年的实践证明，马克思主义只有与本国的国情相结合、与时代发展同进步、与人民群众共命运，才能焕发出强大的生命力、创造力、感召力。在当代中国，坚持中国特色社会主义理论体系，就是真正坚持马克思主义。实践永无止境，创新永无止境。全党同志要倍加珍惜、长期坚持和不断发展党历经艰辛开创的中国特色社会主义道路和中国特色社会主义理论体系，坚持解放思想、实事求是、与时俱进，勇于变革、勇于创新，永不僵化、永不停滞，不为任何风险所惧，不被任何干扰所惑，使中国特色社会主义道路越走越宽广，让当代中国马克思主义放射出更加灿烂的真理光芒。

【尾声】

百年中国，马克思主义思想的力量始终推动着中华民族走向辉煌。

历史的丰碑上铭刻着那些翻译传播马克思主义的人们。

那些为追求和传播真理，历尽艰辛，默默奉献，甚至献出了宝贵生命的故事，将永远被人们传颂。

本集撰稿　姚　颖

本集编导　单连德

图书在版编目（CIP）数据

思想的历程：马克思主义在中国的百年传播/《思想的历程》创作组编．—北京：中央编译出版社，2011.6
ISBN 978-7-5117-0917-2

Ⅰ.①思…
Ⅱ.①思…
Ⅲ.①马克思主义-发展-研究-中国
Ⅳ.①D61

中国版本图书馆 CIP 数据核字（2011）第 116290 号

## 思想的历程：马克思主义在中国的百年传播

| | |
|---|---|
| 出 版 人 | 和 龑 |
| 责任编辑 | 贾宇琰　侯天保　李小燕 |
| 责任印制 | 尹　珺 |
| 出版发行 | 中央编译出版社 |
| 地　　址 | 北京西城区车公庄大街乙 5 号鸿儒大厦 B 座（100044） |
| 电　　话 | （010）52612345（总编室）　（010）52612341（编辑室）<br>（010）66161011（团购部）　（010）52612332（网络销售）<br>（010）66130345（发行部）　（010）66509618（读者服务部） |
| 网　　址 | www.cctpbook.com |
| 经　　销 | 全国新华书店 |
| 印　　刷 | 北京国邦印刷有限责任公司 |
| 开　　本 | 787 毫米×960 毫米　1/16 |
| 字　　数 | 154 千字 |
| 印　　张 | 13.5 |
| 版　　次 | 2012 年 1 月第 1 版第 2 次印刷 |
| 定　　价 | 68.00 元 |

本社常年法律顾问：北京大成律师事务所首席顾问律师　鲁哈达
凡有印装质量问题，本社负责调换，电话：（010）66509618